東京の片隅からみた近代日本

浦辺　登

弦書房

目次

第四章　近代と大陸および半島への関与……91

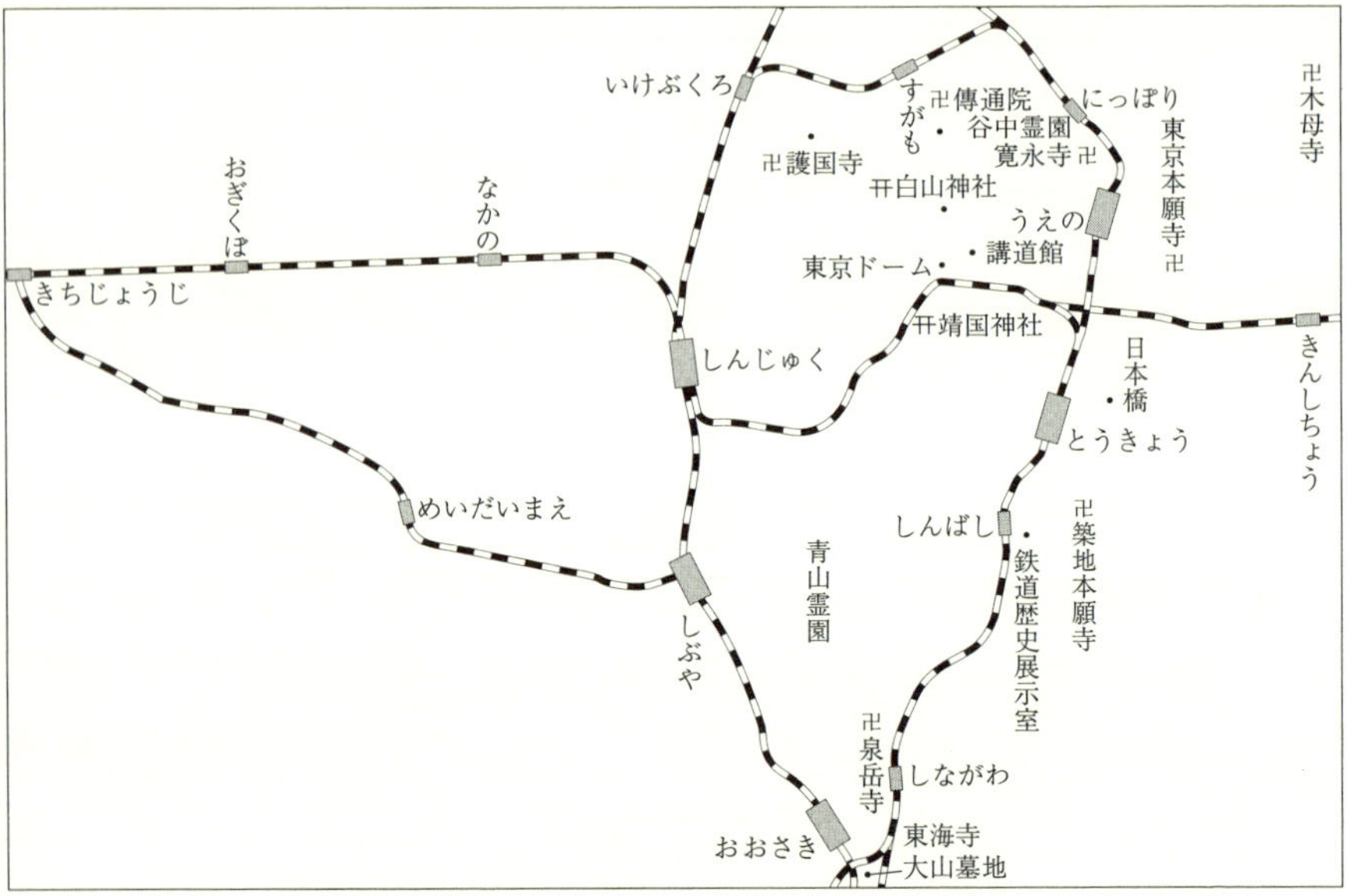

本書で紹介した霊園、神社、寺などの位置図（東京都内）

〈神社仏閣等、所在地一覧〉

青山霊園	東京都港区南青山二丁目—３２－２
寛永寺	東京都台東区上野桜木一丁目１４－１１
講道館	東京都文京区春日一丁目１６－３０
護国寺	東京都文京区大塚五丁目４０－１
泉岳寺	東京都港区高輪二丁目１１－１
築地本願寺	東京都中央区築地三丁目１５－１
鉄道歴史展示室	東京都港区東新橋一丁目５－３
傳通院	東京都文京区小石川三丁目１４－６
東京本願寺	東京都台東区西浅草一丁目５－５
東海寺大山墓地	東京都品川区北品川四丁目１１－８
日本橋	東京都中央区日本橋
白山神社	東京都文京区白山五丁目３１－２６
木母寺	東京都墨田区堤通二丁目１６－１
靖国神社	東京都千代田区九段北三丁目１－１
谷中霊園	東京都台東区谷中七丁目５－２４
野球体育博物館	東京都文京区後楽一丁目３－６１

はじめに

平成二十二年（二〇一〇）の夏は暑かった。アスファルトとコンクリートで塗り固められ、エアコンの排気熱までが加わった東京都心は炎暑の悪循環を繰り返していた。一極集中による弊害であると分かっていながら、そこに生活する人々に難行苦行を強いてでも効率を優先しなければならないのが東京である。

その生産効率優先の東京でありながら青山、谷中という広大な霊園があり、ビルとビルの谷間には神社仏閣がある。震災や戦災によって都市は消滅しても霊園や神社仏閣を再開発と称して処分する気風は無かったとみえ、いまだ墓石や石碑が昔と変わらぬ姿で鎮座している。前著、『霊園から見た近代日本』は青山、谷中という霊園を中心に巡り、玄洋社に関わる人々の墓石や石碑を再確認するものだった。今回はその霊園巡りの最中に目にした歴史の遺物、石碑、書き漏らした人々やそれにまつわる事物を著わした。

もともと、歴史の遺物や石碑、墓石を辿るようになったのは今でも太宰府天満宮の境内に残る「定遠館」を目にしたのが始まりだった。この「定遠館」は日清戦争の清国北洋艦隊旗艦「定遠」の部材で建てられた館だが、地元の人すらも存在を知らない館である。この館のことは『太宰府天満宮の定遠館』という著作にまとめることができたが、この館を建てた小野隆助が玄洋社員であったことから玄洋社を調べる必要性に駆られた。孫文の辛亥革命を全面的に支援し、アジアの植民地解放に邁進したにも関わらず、現代ニッポンでは玄洋社の存在など歴史書の片隅にも記されていない。ひとつには、日本の敗戦後、侵略戦争を鼓舞した超国家主義団体という烙印をGHQから押され、戦争裁判によって絞首刑になった元首相の広田弘毅も玄洋社に所属していたということから意図的に歴史から抹殺されたからだ。

「歴史は勝者によって作られる」という言葉どおり、歴史は勝者に都合の良いように書き換えられるが、敗者の視点からも時代の流れを見なければ本来の歴史というものは分からない。そのことから、既存の歴史は歴史とし、反対の極におかれた玄洋社にまつわる事物、人々を確認することで新たな発見が得られると思ったのである。自身の足で歩き、自分の目で玄洋社に関わる人々の墓石や石碑を確認したのが前著になるが、その始まりにおいて注視していたのが高輪の泉岳寺にあるといわれる「殉節三烈士」碑だった。泉岳寺は赤穂浪士の墓所があることで有名だが、義士記念館を建設する際に邪魔になったとして「殉節三烈士」碑は立ち入りできない寺域に移されている。三烈士の一人である山崎羔三郎は日清戦争に従軍して処刑された玄洋社員だが、「日清戦争」「玄洋社」という「定遠館」にも共通するキーワードを持つ人物であるだけに、その碑を見てみたいと強く願うのは正直な気持ちだった。

「殉節三烈士」碑を調べる過程で『鉄道唱歌』に泉岳寺が謳われていることから唱歌を読み返していると、鉄道は前著の「近代」というテーマにも合致することに思い至り、始発点である新橋に行ってみようと思った。近代化の象徴として新橋を基点とする鉄道線路を辿ろうと思ったが、思いのほか途中下車が多く、ようやくにして品川に辿りついた頃には調べたことが過積状態だった。さほど、東京が日本の「近代化」の中心であったことになるが、それは人材が集中した結果でもあった。

今回、新橋から歩きはじめたものの寄り道が多く、その足は遠く陸奥の弘前にまで至り、時系列よりも事象で分けた方が読み易いのではとのアドバイスをいただいて再構成を試みた。一部、重複する箇所があるのはそのためだが、文の流れを邪魔しない程度と思うのでご了承いただきたい。

それにしても、原稿や資料を読み返しながら、歩き回ったというよりも暑かったという印象しかなく、今でも、スタート地点の新橋停車場跡の炎熱が甦る。

第一章
近代と鉄道

鉄道唱歌の泉岳寺

日本の鉄道発祥の地は長崎という説がある。幕末期、長崎を拠点にして諸藩に武器を売り渡していたイギリス人武器商人トーマス・ブレイク・グラバー（Thomas Blake Glover）が慶応元年（一八六五）に長さ四〇〇メートルのレールを敷き、蒸気機関車を走らせたのが日本で最初の鉄道といわれている。文久二年（一八六二）七月、生麦村（現在の横浜市鶴見区生麦）で薩摩藩主の大名行列を横切ったイギリス人を殺傷したことから生麦事件が起き、その解決を求めて薩摩とイギリスとの間で薩英戦争が勃発している。元治元年（一八六四）八月には長州藩が関門海峡を通過する外国船に砲撃をした報復としてイギリス、アメリカ、フランス、オランダの四ヶ国艦隊が馬関（現在の山口県下関市）を攻撃し占拠するという事件が起きた。他国に売却するために購入した蒸気機関車をグラバーがわざわざ日本人に披露した背景には、欧米との近代戦には先進的な技術が必要であること、グラバー商会では最先端の優秀な武器も取り扱うことができるとのデモンストレーションの意味があったのではと推察する。

そう考えると、本来の貨客の移動を目的とする日本の鉄道としては、明治五年（一八七二）に新橋と横浜とを結んだものが日本で最初と言ってもよいのではないだろうか。今でも鉄道発祥の地新橋として烏森《からすもり》口広場には実物のC型蒸気機関車が据えられているが、この新橋駅はもともと「烏森駅」と呼ばれていた。路線変更にともない「烏森」を「新橋」と名称変更したのだが、旧来の新橋停車場（駅のことを明治時代は停車場、ステンションと呼んでいた）は貨物駅のＪＲ汐留《しおどめ》駅に変わり、その後、物流手段の変遷から廃駅となってしまった。現在、旧新橋停車場跡には開業当初の駅舎を

ＪＲ新橋駅の「Ｃ型蒸気機関車」　新橋駅のシンボルであり、待ち合わせ場所として使われているが、夜ともなれば酔ったサラリーマンでいっぱいになる

模した建物が建ち、その中には「鉄道歴史展示室」が設けられている。ここでは「日本の鉄道の父」こと井上勝（幕末、伊藤博文たちとイギリスに留学した長州ファイブの一人）の功績や鉄道発達の歴史を知ることができるが、発掘調査で見つかった新橋停車場の石積みのプラットフォームや駅の食堂で使用されていた皿やラムネ壜も見ることができる。訪れた時、特別展示として「正岡子規と明治の鉄道」展が開催されていたが、日清戦争時、新聞『日本』の従軍記者として大陸に渡った子規が持っていった仕込《しこみ》杖（日本刀を竹の杖に見立てたもの）や愛用のシャープペンシルなどが展示されていた。

《みちのくへ涼みに行くや下駄はいて》

この俳句は明治二十六年（一八九三）七月十六日から八月二十日まで、新聞『日本』の記者として上野から汽車に乗り、東北方面を旅行した時の子規の俳句である。下駄ばきで気軽に東北地方へと出かける子規の弾んだ息遣いさえ伝わってくるようだ。

新橋停車場に対するもう一方の始発駅である横浜駅も再開発によって現在のＪＲ桜木町駅へと変わっている。開業当初の新橋、横浜間は距離二八・八キロ、平均時速三二・八キロ、所要時間五十三分で結んでいたというが、当時の一般的な移動手段である徒歩、馬、駕籠と比べても極めて快速の乗り物であったことは間違いない。

元来、日本という国は江戸時代の樽廻船に代表されるように海運が発達しており、軍事予算を確保すべしという西郷隆盛の意見や、横浜の外国人が鉄道に乗って帝都東京に大挙して押し寄せてくる、などという尊皇攘夷思想にも似た理由から鉄道敷設《ふせつ》には積極的でなかったといわれている。しかしながら、文明国日本を諸外国に印象付けること、軍隊の移動手段、旧士族階級の失業対策、物価安定の物流を促すという目的から鉄道工事に着手したといわれている。もっとも、この鉄道敷設にあたっては蒸気機関車が吐き出す煤煙で洗濯ものが汚れる、火の粉で火事になる、という風評被害が蔓延するものだったが、実際の被害としては線路の枕木（明治時代、枕のスリーパーが訛ってスリッパと呼ばれていた）として大量の材木が切り出されたことから、利根川流域では大規模な洪水被害が発生している。

明治時代、石炭を燃料として走る蒸気船に倣って鉄道は陸蒸気《おかじょうき》と呼ばれていたが、泰平の眠りを覚ましたのが蒸気船（黒船）ならば、近代というものを身近に感じさせたのが陸蒸気（鉄道）だった。その目新しさと利便性から民間資本も加わって日本全国に鉄道網が広がっていったが、それに伴って近代化が全国に普及していくことになる。

きてきいっせいしんばしを　（汽笛一声新橋を）
はやわがきしゃははなれたり　（はや我が汽車は離れたり）

あたごのやまにいりのこる　（愛宕の山に入りのこる）
つきをたびじのともとして　（月を旅路の友として）

今でもＪＲのローカル線に乗ると鉄道唱歌のメロディーを耳にすることができるが、大和田建樹《おおわだたてき》が作詞した歌詞の一番は新橋から始まり、一路横浜を目指すことになる。現在の新橋駅汐留口には「鉄道唱歌碑」があり、烏森口の蒸気機関車とともに新橋の待ち合わせ場所として利用されている。この鉄道唱歌は沿線の名所旧跡を取り込むことで庶民に親しみやすく作られているが、明治三十三年（一九〇〇）六月に『鉄道唱歌』として歌集が発売され、地理教育を兼ねた『尋常小学読本唱歌』として教育現場にも取り込まれていった。

ＪＲ新橋駅の「鉄道唱歌の碑」　メロディーが流れれば存在に気付く人も多いかもしれない

みぎはたかなわせんがくじ　（右は高輪泉岳寺）
しじゅうしちしのはかどころ　（四十七士の墓所）
ゆきはきえてもきえのこる　（雪は消えても消え残る）
なはせんざいののちまでも　（名は千載の後までも）

鉄道唱歌の二番には現在の東京港区高輪の泉岳寺が登場する。この『鉄道唱歌』だが、赤穂四十七士の墓所がある泉岳寺としての地理教育だけではなく、赤穂浪士の義挙という倫理教育をも施す隠れた目的があった。このことは『鉄道唱歌』九州編に近隣の停車駅である二日市駅から離れているにも関わらず、太宰府の菅原道真公を称える歌詞が盛り込まれていることからも窺える。もっとも、善男善女が多数集まる太宰府天満宮に駅が設けられなかったのは名物の白梅が汽車の煤煙で汚れるからという風評からだったが、それにしても、道真公に関しての歌詞が八番もあるのは、天皇を中心とする新国家を意欲的に作り上げようとした明治の人々の意識の表れでもある。

みはしずめどもわすれぬは　（身は沈めども忘れぬは）
うみよりふかききみのおん　（海より深き君の恩）
かたみのぎょいをあさごとに　（形見の御衣を朝毎に）
ささげてしぼるたもとかな　（捧げてしぼる袂かな）

この歌詞は右大臣から大宰権帥《だざいのごんのそつ》という地方長官に左遷され、その境遇を恨むことなく君（天皇）から下賜された衣服を捧げ持って、日々、忠誠を誓う菅原道真公の姿を表している。

現在の泉岳寺は東京、横浜間を結ぶ京浜国道沿いにあり、JR山手線、横須賀線などが乗り入れる品川駅の駅舎を望む位置にある。高層ビルも何もない明治時代、汽車の窓からは四十七士の墓参ができたのではと思われるが、今では私鉄の京浜急行と相互乗り入れをしている都営地下鉄浅草線

「泉岳寺駅」を利用するのが便利である。

寛永十六年（一六三九）、徳川家光の時代、現在の泉岳寺近くには幕府によって「車町」という物流を専門に請け負う職人町が設けられた。これは、この品川が交通の要所であったことを示すものだが、この車町は江戸市中の寺社建立や埋め立て工事用の巨大な石や材木の運搬を目的に京都四条「車町」の運搬業者である牛屋を招いたことから「車町」という名前がついたものである。新しい江戸の町づくりに運搬の動力源である牛は欠かせず、元禄十六年（一七〇三）頃の車町にはおよそ一千頭もの牛が飼われていたとの記録がある。明治の鉄道と同じように品川の車町は流通機構の構築、都市整備事業としての役目を果たしていたが、歌川広重の浮世絵「たかなわうしまち」と題した一枚からも食い散らかしたスイカの切れ端が転がる先に幾漕もの帆掛け舟が品川沖に浮かび、この風景からも当時の江戸の隆盛ぶりを窺い知ることができる。

占いと鉄道

『鉄道唱歌』に登場する泉岳寺だが、ここには高島嘉右衛門の墓がある。年末が近づくと書店には翌年の運勢を示す「高嶋易断」の冊子が山積みされるが、その「易」を編纂したのが高島嘉右衛門である。泉岳寺を訪れた時、高島嘉右衛門の墓を目にしたことからその人物に興味を惹かれたが、墓前には嘉右衛門の孫である高嶋嘉和氏による顕彰プレートが立てられていた。平成六年（一九九四）十月に建てられたプレートには左記のように記されている。

《高嶋嘉右衛門は天保三年　江戸に生れ　幕末激動の時代　波乱に満ちた青年期を送る。　三十九歳にして人材の育成を唱え　横浜に高嶋学校を設立す。　明治四年　鉄道事業の必要性に着目　京浜間の鉄道敷設を図る。　更に横浜の埋立て・北海道の炭鉱開拓と航運事業等々そのすぐれた先見に基づく幅広い事業が国家・社会に貢献した所は極めて大きい。　今も残る横浜高嶋町の名はその由縁による。　中でも明治五年　横浜に日本で初めて瓦斯燈を点ずる偉業を遂げ　翌々年横浜へ御臨幸の明治天皇は特に謁を賜りその功を嘉せられた。　明治九年に実業界を退隠の後は呑象と号しかねてより造詣を重ねし易経を更に極め大著『高嶋易断』を脱稿　これを英訳　漢訳して世に出す。　清国李鴻章・袁世凱らこれを読み「易は中国に興り中国に亡び而して今日日本に興れり」と驚嘆かつ激賞す。　大正三年十月　横浜高島山にて静かにその八十三歳の生涯を終わる。》

もし、泉岳寺でこの高島嘉右衛門の墓に出くわさなければ、嘉右衛門を単なる易者か占い師としてしか認識していなかっただろう。この嘉右衛門の業績の中で目を引くのは、《明治四年　鉄道事業の必要性に着目　京浜間の鉄道敷設を図る。》という箇所だった。今では、汽車どころかリニアモーターカーの時代だが、汽車という存在すら認識できない時代に嘉右衛門がその将来性を予言し鉄道敷設を計画していたことに驚くばかりだった。

易の研究者でもあり、推理作家の高木彬光は嘉右衛門の評伝小説の中で『火天大有《かてんだいゆう》』という易の卦（結果）を紹介している。「大車以《だいしゃもっ》て載《の》す。往《ゆ》く攸《ところ》有《あ》り。咎《とが》无《な》し」がそれになるが、大車を鉄道と読み解けば将来性があるということになる。明治四年（一八七一）といえば、明治政府は廃藩置県を断行し中央集権国家としてスタートしたばかりの頃のことで、国家の存亡すらも危うい時だった。新橋、横浜を起点とした鉄道が全国に延伸していく過程で生まれたのが『鉄道唱歌』だが、その唱歌に謳われた泉岳寺に鉄道敷設を進めた高島嘉右衛門が眠るというのも不思議な因縁を感じる。

高島嘉右衛門は清国の李鴻章《りこうしょう》・袁世凱《えんせいがい》から称賛されたように中国で生まれ中国で亡びた「易」を日本で発展させたが、意外にも、この迷信とも思われる占いの「易」が現代の日常生活に欠かせないコンピューターやコンパクトディスクの原理と同じであることは知られていない。「易」は陰と陽の卦によって物事を予想していくが、これはプラスとマイナス、0と1の組み合わせで成り立つコンピューターの原理原則と同じである。ユング心理学の研究者の一人は六枚のコインの表と裏を「易」の陰陽に見立てた占いの研究をしたが、デンマークの電子物理学者ボーア（Niels Borh）も「易」と物理学の原理が同じことに驚愕したという。晩年のボーアは「易」の研究に没頭し、国王からナイトの爵位を受けた時、自身の紋章に陰と陽を組み合わせた「太極図」を用いたほどだった。

高島嘉右衛門は多くの事ごとを占っているが、そのなかでもロシアの蔵相ココフェッツとの会談で満洲のハルビンに出かける伊藤博文の「易」を立てた結果が興味を引く。その卦には伊藤の暗殺が出ており、病気と偽りハルビン訪問を中止するように助言したという。しかしながら、以前からの約束事として伊藤はハルビンに出かけてしまったが、果たして、明治四十二年（一九〇九）十月二十六日、伊藤は犯人の一人といわれる安重根の凶弾に倒れた。嘉右衛門は「艮」と「山」という文字の付く人物が身辺に近付くことを避けるよう伊藤に忠告していたというが、奇しくも、安重根の「根」の字には「艮」が含まれている。

高島嘉右衛門は経済人としての先見性と易によって鉄道敷設に着目し、伊藤博文は幕末のイギリス密航で汽車を見、建設予算を賄った大隈重信は模型の汽車を見て驚いたとの記録が残っている。江戸時代の長崎は肥前鍋島藩と筑前黒田藩とが交代で警備する土地だったが、大隈は長崎でのグラバーの汽車を見ていたかもしれない。鉄道敷設は高島、伊藤、大隈という三者の思惑が一致した事業だが、嘉右衛門は風評による住民の鉄道敷設反対を避ける意味から横浜の海を埋め立てて線路を引く工事を請け負っている。これだけにとどまらず、日本初のガス灯を横浜に設置するなどの近代化に貢献しているが、墓前のプレートにあるようにこれらの功績により明治天皇の拝謁を賜るという栄誉に浴している。その拝謁の際、嘉右衛門は両親の位牌を背中にくくりつけて天皇の御前に出たことから、親孝行の人としても知られている。

泉岳寺は都営地下鉄浅草線「泉岳寺」駅に近いが、相互乗り入れをしている京浜急行のレール幅は世界標準の一四三五ミリで敷設《ふせつ》されている。京浜鉄道として新橋、横浜間に敷かれた日本最初の鉄道は一〇六七ミリとレール幅が狭いもので敷設されたが、やがてこれが旧国鉄（現在のJR各社）の標準サイズとして日本全国の鉄道網の原型となっていった。新橋の「鉄道歴史展示室」で見かけた「日本の鉄道の父」こと井上勝の尽力で日本全国に鉄道が敷設されていくが、国土の七割が山岳地帯の日本においては地盤強化の技術力不足から小型車両が走る狭いレール幅でなければ敷設は困難であったともいわれている。そう考えると、昭和三十九年（一九六四）、東海道新幹線は世界標準軌の一四三五ミリのレール幅で敷設されたが、新幹線は明治の先人から昭和の人々に対する近代化の宿題だったのかもしれない。

新幹線とカップヌードル

本郷といえば東京大学、東京大学といえば本郷と言われるほど、本郷の街は東京大学に関わって成り立っている。けれども、栄えある東京大学に縁が無かった身には、本郷といえば修学旅行で宿泊した旅館の思い出しかない。

昭和四十年代（一九六五〜七十四）頃、高校の修学旅行といえば京都と東京がセットになったものが多かった。それは、昭和三十九年（一九六四）の東京オリンピック、昭和四十五年（一九七〇）の日本万国博覧会を連結させるため、東京と新大阪との間に開通した東海道新幹線に乗るという目的があったからだった。昭和三十九年（一九六四）十月十日、東京オリンピックの開会式が挙行されたが、オリンピックの開会式に先駆けて十月一日に東海道新幹線は開業している。東京から新大阪までの五一五・四キロ（営業キロでは五五二・六キロ）を最高時速二一〇キロで走り、所要時間四時間（開業当初）で結ぶという画期的な弾丸列車だったが、「夢の超特急」とも呼ばれた東海道新幹線に乗ることは、当時の日本国民の憧れであり、ステータスでもあった。

《箪笥長持　質屋に入れて　乗ってみたいぞ　岡（陸）蒸気》

これは明治五年（一八七二）に開通した陸《おか》蒸気（汽車）のはやり唄だが、東海道新幹線の開通も明治時代の人々のはしゃぎぶりに似たものがあった。

開業当初から日本国内の鉄道は狭軌（一〇六七ミリ）のレール幅で運行されていたが、世界標準軌（一四三五ミリ）のレール幅を高速で疾走する東海道新幹線は東京オリンピックとともに日本が敗戦から復興した姿を世界に印象づけるものであった。現在、次世代新幹線であるリニアモーターカーが開発中だが、リニアが営業運転を始めたとしてもテーマソングが作られることは無いだろう。しかしながら、『夢の超特急「ひかり」の歌』、『ヒューヒュー行こう超特急』、『ひかりと走れ超特急』など、東海道新幹線が開通したとき、新幹線に関する歌が立て続けに十本も発表されるほど日本は超特急「ひかり」ブームだった。

その東海道新幹線を利用する修学旅行は奈良、京都という古都を見学し、京都駅から最先端の新幹線に乗って近代都市東京に入るものだったが、その割には、宿泊先は本郷の旅館だった。コスト重視の修学旅行というよりも東京での団体用宿泊先が限られていたからだが、表通りでバスを降り、入り組んだ路地裏にある旅館に案内された時には「ここは東京なのか」と拍子抜けしたものだった。東京といえば超高層の霞が関ビルに代表されるビル街と想像していただけに、逆の意味で木造旅館の本郷は強く印象に残ってしまった。それでも、この旅館には原色黄色のボディをしたカップヌードルの自動販売機が据えられていて、テレビでしか見たことのないカップヌードルとその自動販売機に感激したのを覚えている。世界初のカップラーメンは珍しさが勝って夕食から一時間も経たないうちに全品売り切れとなっていたが、運よく入手した同級生に群がり、ひな鳥のように口を開けて恵んでもらったのは懐かしい思い出である。昭和三十三年（一九五八）、これも世界初といわれるインスタントラーメンのチキンラーメンが一袋三十五円で発売されたが、半分に割ったチキンラーメンをマグカップに入れ、フォークで食べるアメリカ人を見たことがカップヌードル開発のヒントになったという。

新幹線に乗って宿泊した東京の本郷だが、木造旅館とカップヌードルを思い出す場所である。アトラクションで賑やかな東京ドームシティに近接しながらも、一歩、路地に入ると様相が一変し、昔からの変わらぬ姿を維持する本郷は明治の時代遺産なのかもしれない。

墓場と東海道新幹線

いったいに、墓場というものは静かである。死者が静かに眠る場所であり、故人を偲び、見えない相手ながらも語りかけ、答えを求める思索の場所でもある。しかしながら、東海寺大山墓地（東京品川区北品川）は周辺に工場や幹線道路があることから、騒々しい。それだけではなく、小さな丘の形をした墓地の下を東海道本線が走り、背後にはなんと、東海道新幹線が走っている。東海寺大山墓地がある品川周辺に近代化の波が押し寄せたからと言えばそれまでだが、それにしても、このような墓地は初めての経験である。ＪＲ山手線大崎駅から歩いて墓地を目指したが、本当に墓地などあるのだろうかと訝るほど工場やビルに囲まれ、故人も静かに眠りにつくことなどままならないと思うほどだった。が、しかし、一人だけ、この墓地に葬られて喜んでいる人物がいる。それが、「日本の鉄道の父」井上勝である。

井上勝は長州藩士井上勝行の三男として天保十四年（一八四三）八月一日、萩城下で生まれている。数え年六歳にして同じ長州藩士の野村作兵衛の養子となったことから、野村弥吉とも記録には出ている。井上勝が物事の分別がつく頃、日本周辺は諸外国の圧力に翻弄される時代となっており、その影響からか安政四年（一八五八）に長崎の海軍伝習所に入って新しい技術を身につけている。その後も箱館で兵学、航海術、外国語を習いながら、同じ長州藩の山尾庸三と品川から兵庫まで帆船で航海するという実地も積んだ。ここで、山尾庸三が出てきたが、文久三年（一八六三）五月十二日、後の井上馨、伊藤博文、遠藤謹助、山尾庸三、井上勝（当時は野村弥吉）の五人は長州藩の資金を得てイギリスに密航している。ジャーデン・マセソン商会の船で横浜から出港した五人は一路、イギリスのロンドンを目指しているが、井上勝はここで鉱山学を含む鉄道敷設の技術を勉強している。この時のイギリス密航の五人を総称して「長州ファイブ」と呼ぶが、野村弥吉と名乗っていた青年はイギリスから帰国した明治元年（一八六八）に旧姓の井上に戻り井上勝と改名していた。このため、長州ファイブの野村弥吉と明治新政府の井上勝とが結びつかず、容易に理解が及ばなくなるのはそのためである。

野村弥吉こと井上勝の新政府における功績に、東海道本線を全通させたことがある。明治五年（一八七二）五月七日、品川、横浜間で仮営業を始めた鉄道は同年九月十二日には新橋、横浜間で全線開通となった。その後、幹線鉄道線路をどこに敷設するかで紆余曲折はあるものの、最終的に鉄道庁の事業として明治二十二年（一八八九）七月一日、新橋、神戸間が開通した。この新橋、神戸間を結ぶ東海道本線の全線開通は鉄道を推進していた伊藤博文から期限を切られていたが、それは明治二十三年（一八九〇）十一月二十九日に開かれる第一回帝国議会の開会に間に合わせることだった。従来、人々は横浜まで船便で到着し、ここで汽車に乗り換えて新橋までという手段で上京していたが、衆議員議員となった人々を神戸から東京にまで直接、汽車で乗り入れるようにするという条件付きだったのである。鉄道は諸外国への威信だけではなく、議員として国政に参加する地方名士の優越感をくすぐる乗り物でもあった。正岡子規も第一高等中学校の学生時代、喀血して療養のために帰省する際、全線開通したばかりの東海道本線に乗っているが、一日一往復、片道二十時間、三等三円七十六銭の汽車賃を要したとの記録がある。

井上勝は「日本の鉄道の父」と呼ばれる半面、鉄道国有化論者であったことから私鉄の開発には助力しなかったようにいわれる。しかし、鉄道国有化に関しては現在の西武鉄道、東武鉄道の基礎を作った雨宮敬次郎ですら国有化を主張するほどだったが、安定した資本で早急に鉄道網を全国に敷くことが日本の国力を増進させる原点になると考えていたからである。実際、各地に敷設された私鉄同士が相互乗り入れをしようにも車両連結器が鉄道会社それぞれで異なり、なかには連結器が片側にしかない車両や転車をしなければ連結ができないなど、私鉄各社の規格がまちまちだった。このことから、鉄道各社の相互乗り入れにおける連結作業に時間を要することから、安全、迅速、便利、確実という鉄道の使命に程遠いのが明治期の鉄道事情だった。井上が主張する鉄道国有化論は、鉄道会社を統一することで標準化による利便性に迫られてのことだったが、さらに、車両や機関車の規格統一によって国産車両の生産体制を確立するという目論見もあった。

この鉄道の規格化に言及すると、現在でも日本の多くの鉄道の軌間（レール幅）は三フィート六インチ（一〇六七ミリ）であり、国際標準の四フィート八インチ（一四三五ミリ）に比べると狭いものである。このことは先述の雨宮敬次郎も一四三五ミリの広軌に変更すべきと主張していたが、井上勝も同じだった。機関車、客車、貨車を諸外国から輸入せず、安価にして大量に国産化することで資金の流出を防ぎ、レール幅を広げることで輸送量を増やし、国力を増したかったのである。残念ながら、井上勝はロンドンの鉄道視察に出向いた際、持病が悪化して明治四十三年（一九一〇）

品川東海寺の大山墓地　井上勝の墓所の真後ろを東海道新幹線が走っている

八月二日に客死している。葬儀は品川東海寺で行なわれ、東海寺の墓地である大山墓地に埋葬されたのだが、その井上の墓所の真後ろを広軌の東海道新幹線、墓前を自身が敷設して全通させた東海道本線が走っている様はなんとも不思議な映像を見せられているようだった。

この井上勝が単なる「鉄道馬鹿」でないのは、大隈重信が創った「円」金貨の鋳造を大阪造幣寮で実現していることもあるが、岩手県にある「小岩井農場」を開いたことにある。

「鉄道を造るために、人々が丹精した多くの水田、畑地を潰してきた。せめてもの償いに、広大な土地を拓いて、農業をする人たちに働く場所を提供したい」、という理想を抱いて明治二十四年（一八九一）二月に小岩井農場は開かれた。創業メンバーである日本鉄道の小野義真、三菱会社の岩崎弥之助、そして、井上勝のそれぞれの苗字の頭文字から付けられた近代的な農場だった。

明治二十九年（一八九六）、岩手県花巻市に宮沢賢治が誕生している。賢治は明治四十二年（一九〇九）に旧制盛岡中学に入学するが、小岩井農場を経由して岩手山に登ることを楽しみにしていた。

賢治にとって「小岩井農場」は理想郷であり、まさにイーハトーブとして自身の詩作に描いているほどである。さらに、大正四年（一九一五）、賢治は盛岡高等農林学校に主席で入学したが、ここで学んだ地質調査の実験対象に「小岩井農場」を選んでいる。盛岡高等農林学校（現在の岩手大学農学部）は明治三十六年（一九〇三）に日本初の高等農林学校として開校し、初代校長には日本の農学博士第一号である玉利喜造が招かれている。井上勝は私鉄日本鉄道の延伸から小岩井農場の開発に至ったが、この農場の存在は岩手県が近代農業の先端地であることを全国に印象付けたのは間違いないだろう。

当初、鉄道事業に反対していた大久保利通も欧米を巡遊することによって国家の発展には鉄道が必要とする左記の言葉を残している。

《首府首府の貿易或は工作の盛大なる五十年以来の事なるよし、然れば皆蒸汽車発明あって後の義にて、世の開化を進め貿易を起すも、半は汽車に基すると相見得候なり》

奇しくも、欧米との近代戦には先進的な技術が必要であるとしてグラバーがデモンストレーションの機関車を走らせたが、今では欧米の技術に優るとも劣らない東海道新幹線を背にして「日本の鉄道の父」井上勝は満足気に眠りについている。

第二章　近代と芸能

オッペケペーの近代演劇

JR日暮里駅に近い谷中《やなか》霊園（東京台東区谷中）を訪ねた時、霊園事務所前で川上音二郎碑を目にした。大東亜戦争の最中、金属供出で銅像部分は取り除かれ、今では台座しかない。供出の際には音二郎の女房「マダム貞奴」も駆け付けたとあるが、台座に取り付けられた白い案内プレートが無ければ広大な谷中霊園の群立する墓石に紛れて見落としてしまうところだった。

川上音二郎は文久四年・元治元年（一八六四）の元旦に筑前博多の対馬小路《つましょうじ》の商家に生まれている。この年の八月、英・米・仏・蘭の四ヶ国艦隊が長州藩の砲台を攻撃占拠したが、前年の文久三年（一八六三）八月十八日には三条実美《さんじょうさねとみ》公たち七卿が公武合体派（会津藩、薩摩藩）のクーデター（八月十八日の政変）に敗れて長州へと落ちていった。その三条公たちが長州に留まっている間に七卿の一人である澤宣嘉は福岡脱藩浪士の平野國臣と「生野の変」で決起したものの失敗し逃亡、もう一人の錦小路頼徳《にしきのこうじよりのり》は赤間が関（現在の山口県下関市）で病死してしまった。残された三条実美、三条西季知《さんじょうにしすえとも》、東久世通禧《ひがしくぜみちとみ》、四条隆謌《しじょうたかうた》、壬生《みぶ》基修《もとなが》の五卿は慶応元年（一八六五）二月十三日、身柄保護のために筑前博多に程近い太宰府天満宮の延寿王院《えんじゅおういん》へと居を移すことになった。長州の高杉晋作も匿われたという野村望東尼《もとに》の平尾山荘や博多商人の邸で福岡藩の斡旋による薩長秘密会談が開かれていたが、五卿の筑前移転で拍車がかかり、密書を託された魚屋までもが幕吏の目を盗んで福岡・博多の街を行き交うというものだった。音二郎が政治に強い関心を持ち、落ち着きのない旅人生を送ったことは本人の性格が最も大きな要因ではあるが、生まれ落ちた街に騒然とした維新回天の空気が充満していたことも見逃すことはできないだろう。

明治十年(一八七七)二月、朝鮮との外交論(征韓論)に敗れ鹿児島に帰っていた西郷隆盛と西郷を師と仰ぐ私学校党生徒が反政府の挙兵をし、政府軍との戦いが始まった。いわゆる西南戦争だが、世の中の耳目が熊本や鹿児島に集中している最中に音二郎は家出をしている。実家に不満があったとも、一旗あげたいという強い気持ちがあったとも言われるが、その後の音二郎は旅役者として日本全国を渡り歩くことになる。西南戦争は政府側の勝利となって決着をみるが、それでも不平士族は自由民権運動として薩長政府に反旗を翻すことになり、その自由民権運動を壮士芝居として仕立て上げたことで音二郎は一躍有名になった。その壮士芝居の挿入歌として歌ったのが音二郎の『オッペケペー』節である。

権利幸福嫌いな人に自由湯《とう》(党)をば飲ませたい
オッペケペー　オッペケペー　オッペケペッポ　ペッポポッポー
堅い　裃《かみしも》　角取れてマルテンズボンに人力車　いきな束髪ボンネット
貴女や紳士の扮装《いでたち》で表面《うわべ》の飾りは立派だが
政治の思想が欠乏だ　天地の真理がわからない　心に自由の種を蒔け
オッペケペー　オッペケペー　オッペケペッポ　ペッポポッポー

壮士芝居といっても、所詮、学芸会のようなものだったと評されている。現代のようにテレビやカラオケ、ＤＶＤという娯楽が潤沢に揃っていない時代ゆえに、庶民からすれば薩長藩閥に対する政治批判のはけ口として壮士芝居を楽しんでいたのではと思われる。その大衆娯楽の場である映画館、劇場の都市ごとの統計が残っている。

	映画館	劇場	寄席	見世物	合計
・東京	二一一	三四	一七五	三	四二三
・新潟	三九	三二	二二	三	九六
・京都	三五	四〇	一八	〇	九三
・福岡	七五	七八	八	四	一六五
・北海道	七四	一七三	四六	二	二九五

＊昭和四年（一九二九）の文部省統計

大衆娯楽の街である大阪の映画館や劇場の数値が入っていないが、テレビやラジオの代わりに庶民が幅広く大衆芸能を楽しんでいたことが窺える。

この川上音二郎は全国の劇場を旅したが、それだけに留まらず、女優の養成学校といわれる帝国女優養成所を設立、大阪に帝国座というルネサンス様式、赤レンガ、三階建て、二千五百人収容の劇場までをも建てている。旅公演が続く中、音二郎は女房の貞奴を伴って三度に渡る海外公演を行うなど、時代の最先端を走る人であった。その海外公演先のフランス政府からは勲章まで授与されているが、これは、当時のフランス公使栗野《くりの》慎一郎《しんいちろう》、フランス公使館付き駐在武官の明石元二郎の工作であるともいわれている。栗野も明石も音二郎の故郷である福岡・博多の先輩だが、かなりの引き立てがあったものと推察される。それでも、このパリ公演（明治三十三年〈一九〇〇〉）では貞奴の美貌に十九歳のピカソがスケッチを求め、琴の音に魅了されたドビュッシーが「ラ・メール（海）」を作曲するほどジャポネスクをパリっ子に広めた結果でもあった。

この貞奴はもともと葭町《よしちょう》の芸者で、花柳界にも幅を効かせた伊藤博文が音二郎に紹介したと言われている。その実際は不明だが、仲人を務めたのがやはり音二郎と同郷の官僚であり、伊藤の三羽ガラス（伊東巳代治、井上毅、金子堅太郎の三人のこと）の一人である金子堅太郎であることから伊藤紹介説が有力なのではないだろうか。栗野慎一郎、明石元二郎、金子堅太郎と音二郎は福岡・博多の先輩たちの引き立てを受けているが、さらに、ボストン公演では同郷の後輩である画家吉田博に書割《かきわり》（舞台の背景画）まで描かせている。まさに、福岡・博多を丸ごと引き連れての旅人生といえるが、明治四十年（一九〇七）、第三回の海外公演に向かう船が日本郵船の「博多丸」というから、よくよく音二郎は福岡・博多に縁がある人だった。

その博多に縁が深い音二郎の碑は谷中霊園にあるが、泉岳寺にもある。両方にあることに不思議だったが、泉岳寺の川上音二郎碑について寺男のジイサマに尋ねたことがあった。ジイサマが語るには、もともと谷中霊園にある碑は泉岳寺の「首洗いの井戸」の真後ろに建てられていたとのことだった。「首洗いの井戸」とは赤穂浪士が討ち取った吉良上野介の首を洗ったという井戸だが、ジイサマは資料が溢れそうなキャビネットから当時の写真や記事のファイルを引っ張り出し、大正二年（一九一三）に音二郎の碑が泉岳寺から谷中霊園に改修された記事を示してくれた。本来、川上

泉岳寺　首洗井戸碑と看板　覗いて見ても井戸というより水たまりのようになっている

家の菩提寺は浄土真宗の博多万行寺だが、墓は禅宗の博多承天寺《じょうてんじ》にあるとのこと。音二郎は赤穂四十七士を尊敬しており、泉岳寺にも墓を設けてくれとの遺言だったそうだが、音二郎碑がなぜ、谷中霊園に移っていったのか「まったくワガンネ（まったく分からない）」とジイサマは語る。音二郎も尊敬したという赤穂浪士だが、江戸時代、その義挙は大衆芝居の『忠臣蔵』として演目に取り入れられ、幕府を刺激しないように大石内蔵助の名前は大星由良助に変えるなどして脚本が書かれている。このため、事実とは異なる伝聞も取り込んでの『忠臣蔵』となって今に至っているが、明治四十一年（一九〇八）五月、福本日南（誠）によって史実に基づいた義士伝である『元禄快挙録』がまとめられ、これは今でも「義士正史」として称えられている。

福本日南（誠）は陸羯南《くがかつなん》、古島一雄《こじまかずお》（一念）とともに新聞『日本』を創刊したジャーナリストだが、宮崎滔天の誘いで孫文の革命蜂起にも参加するという熱血漢でもある。玄洋社系の『九州日報』社長兼主筆、衆議院議員を経た人物であるが、福本日南も音二郎の同郷の先輩になる。音二郎のことだから金子堅太郎や栗野慎一郎のときと同じように「先輩、先輩」と甘えては赤穂浪士の義挙について特別講義を受けていたのではないだろうか。

泉岳寺　川上音二郎の碑　後ろに劇場設立記念碑がある

泉岳寺の川上音二郎碑の後ろには「新劇場設立紀念之碑」が立っている。明治二十九年（一八九六）六月、神田三崎町建設、創設者川上音二郎、世話人丸山朴水と刻まれているが、大阪の帝国座の他に東京の神田三崎《みさき》町にも劇場を設けていたことになる。

　音二郎は赤穂四十七士の義挙のほか、『板垣君遭難実記』、『実録日清戦争』という芝居でも大当たりをしたが、自身も日清戦争の戦地に赴くなど、メディアが満足に普及していない明治時代、音二郎は現在で言うところの国民的ニュースキャスターだったのではないだろうか。そう考えると渥美清の当たり役「フーテンの寅さん」の銅像が柴又駅前にあるのと同じように、川上音二郎の墓、銅像、記念碑の一つや二つが各地に有ってもおかしくはない。

改良演劇の祖、音二郎の『忠臣蔵』

『鉄道唱歌』にも謳われた泉岳寺（正式には萬松山泉岳寺）だが、この寺はなんといっても川上音二郎も演じた芝居の『忠臣蔵』の舞台として有名である。その創建は慶長十七年（一六一二）の第二代将軍徳川秀忠の時代と伝えられている。将軍職を退いていた家康が門庵宗関《もんあんそうかん》和尚（戦国武将今川義元の孫）を招いて江戸城の外桜田に開山させたことが始まりだが、戦国期の寺院は武将たちの駐屯地でもあり、泉岳寺建立の背景には江戸城防備の目的があったのではないだろうか。さらに、泉岳寺が開山されたこの年、幕府は直轄領におけるキリスト教の信仰を禁じており、キリシタンの江戸市中定着を排除する目的もあったと思われる。

泉岳寺　夜な夜な品川沖に出没したことから山門の天井に釘止めされた龍の彫金

その泉岳寺も寛永十八年（一六四一）、「寛永の大火」と呼ばれる大火事で焼失し、三代将軍家光から毛利、浅野、朽木、丹羽、水谷の五大名家に泉岳寺再建の命が下った。大火を避けるために東海道品川宿近くに泉岳寺は建てられたが、その再建に尽くした大名家の一つが播州赤穂の浅野家だったことから、泉岳寺は浅野家の菩提寺となった。寛永十四年（一六三七）十月、「島原の乱」が勃発すると幕府は十三万人もの兵力を投入し、原城に籠城するキリシタン三万七千人を皆殺しにして乱を鎮圧した。更に、寛永十七年（一六四〇）にはキリシタンの取り締まりを厳重にする目的から切支丹奉行を設けるほどだったが、大火が原因とはいえ、品川宿近くに泉岳寺を移転させた背景にはキリスト教徒の江戸流入を防ぐ関所の役目を持たせていたのではないかと推察する。

その泉岳寺参道には中門と二つの門があり、山門には日本彫金の祖といわれる関義則作の龍の彫金が天井に貼り付いている。天保三年（一八三二）建立という風格ある二層の山門はまるで一幅の絵を見ているかのようだが、泉岳寺は総泉寺、青松寺とともに江戸三ヶ寺の一つといわれ、江戸における曹洞宗の行政を司っていたことでも知られている。その歴史と格式の高さに加えてこの寺が群を抜いて有名なのは、やはり、元禄の義挙といわれる赤穂四十七士の墓所があるからである。

元禄十四年（一七〇一）三月十四日、江戸城「松の廊下」で播磨国赤穂の城主浅野《あさの》内匠頭《たくみのかみ》長矩《ながのり》が私怨から吉良《きら》上野介《こうずけのすけ》義央《よしなか》を切りつけるという刃傷事件が起きた。朝廷の勅使を迎える接待使としての引き継ぎにおいて浅野内匠頭と吉良上野介の間で揉め事があったとのことだが、実のところ、詳細な原因はわからないという。

時の将軍綱吉は事件の真相が明らかになる前に浅野内匠頭が江戸城を血で汚したことに怒り、即日の切腹を申し渡した。喧嘩両成敗が武士の始末の付け方だが、「生類憐みの令」を出したことでも有名な綱吉は殺生を加えた浅野内匠頭を処罰し、傷を負った吉良上野介には慰労の言葉をかけたという。この幕府の対応に、浅野家の国家老である大石内蔵助《おおいしくらのすけ》たち四十七士が元禄十五年（一七〇二）十二月十四日未明、本所松坂町（現在の東京墨田区両国）にある吉良邸に討ち入り、吉良上野介義央の首級を挙げたのだった。その首は泉岳寺に眠る主君浅野内匠頭の墓前に供えられたが、江戸の繁栄とともに武士のモラルが緩み始めた元禄時代の仇討ちは義挙として称えられ、江戸庶民の四十七士に対する同情と助命嘆願の声は大きかったという。事実、大石内蔵助ら十七名を預かった肥後細川藩邸では浪士たちを客分として過分なもてなしをしたという。反面、間《はざま》新六たち十名を預かった長府藩（毛利家の支藩）などは一汁一菜の食事に罪人として厳重な監視をしたことから「武士の情けも何もあったものではない」として江戸っ子の不評をかい、ただちに豪華な食事に切り替えたとある。しかしながら、江戸っ子の喝采を浴びた赤穂浪士たちも最終的に四十七士全員が切腹を命じられ、主君と同じ泉岳寺に葬られることとなった。

「ここは、何で有名な寺なんだっけ」

「知らねえよ」

二十歳代と思しき青年四、五人がもうもうと立ち昇る線香の煙を振りまいて本堂前で騒いでいた。経済成長を遂げた現代ニッポンにおいて播州赤穂の四十七士が主君の仇を討ったことなど遠い夢物語か他人事でしかない。世代格差というか文化格差に驚きもするが、「これも時代なのか」と、青年たちを遠巻きに見るしかできなかった。日本人のモラルとして赤穂浪士くらい知っておいて欲しいと思うが、勧善懲悪ものの代表である『水戸黄門』も話題にならなくなり、悲しいかな、時代が変わったと言わざるを得ない。せめてもの救いは、実際に起きたこの事件が『忠臣蔵』として歌舞伎の演目として今でも人気を博していることだろうか。

浅野内匠頭長矩《あさのたくみのかみながのり》とその夫人阿久利（瑞泉院）、四十七士の墓所は泉岳寺山門を潜って左手奥に設けられ、一般の参拝者も自由にお参りができるようになっている。墓所入り口には築地鉄砲洲（現在の東京中央区の聖路加看護大学近辺）の浅野邸にあったという門が移築され、その門を潜ると線香を販売する専属の売店がある。火の付いた線香をブリキの塵取りに乗せて渡してくれ、一本ずつを四十七士の墓前に置いて故人を弔うようになっているが、墓所の塀際にはマンションの壁が迫っており、元禄義士も近代東京の過密状況を甘受しなければならない現実にある。

この日、たまたま付いてきた家人などはテレビドラマで見た赤穂浪士の墓を目の前にして実在の人物であったことに感心しきりだったが、討ち取った吉良上野介義央の生首を洗ったといわれる現存の「首洗いの井戸」には悲鳴をあげていた。

革命と浪曲

一八九四年（明治二十七）七月、日本と清国（中国）との間で戦争が始まった。いわゆる日清戦争だが、この戦争をきっかけに孫文はハワイで「興中会」を発足させた。孫文は現在の台湾（中華民国）、中国（中華人民共和国）から「国父」と呼ばれる人物だが、「興中会」は満洲族の清国を打倒し漢民族の政府を樹立することを目的とした華僑集団だった。一九一一年（明治四十四）に念願の中華民国が建国されてからも革命政府内部の権力闘争から孫文は日本亡命を余儀なくされ、再び権力を奪取し一九二五年（大正十四）三月十二日に亡くなるまで、孫文の生涯は革命漬けの日々だった。

その孫文の長い革命人生を支援し続けた日本人志士の一人が宮崎滔天《とうてん》だが、ヒト、モノ、カネという支援策に加えて滔天の場合はそこに心意気というものがあった。

《「親分、頼む、頼む」の声さえかけりゃ、人の難儀をよそに見ぬちょう男伊達、人にゃほめられ女にゃ好かれ、江戸で名を売る長兵衛でござる》

これは生まれ故郷である荒尾村（現在の熊本県荒尾市）で滔天が子供の頃に聞いたという浪花節語りの一節だが、滔天の孫文に対する革命支援の根本は義理人情だったのではないかとさえ思う。滔天を系統的に紹介する本においては「大陸浪人」とも「革命浪人」とも評され、ときに「浪花節語り」という職がつくが、玄洋社の頭山満、黒龍会の内田良平とのつながりが深いことから右翼とも見られている。しかしながら、滔天の思想や行動は若き日の毛沢東（中華人民共和国主席）とも接触があったように、右翼というよりも社会主義的であり、滔天が書き残した著作や言動からは左翼の主張すら見出すことができる。

明治三年（一八七〇）十二月三日、滔天は肥後熊本の荒尾村に生まれた。熊本城を築城した加藤清正亡き後、加藤家が改易になったことから肥後熊本は細川家が治めることになったが、その統治体制は複雑であった。それは、滔天の生家である宮崎家が郷士という土着の武士階級でありながら、細川家とは一線を画した一国一城の領主ともいうべき家格を有していたことに表れている。郷士と聞くと同じ武士階級でも土佐郷士のように厳格な身分制度の上下関係を思い出すが、宮崎家の場合には小作人から潤沢な石高を得ることができる自治的な環境にあった。そのため、小作人との関係も藩の支配を度外視した主従関係にあり、滔天の父長蔵は支藩の藩主ともいえる立場にあった。長蔵は強い自治意識から小作人のための土地解放を考え、身分制度の厳しい江戸時代においても被差別部落民のために荒地を開墾させ、生活が立ち行くように支援をする社会主義的な思想を持つ人であった。正月、長蔵は他の小作人と被差別部落民とを区別することなく、到着順で新年の挨拶を受けたという。農地解放、身分解放と長蔵が先進的な思想を実践していたことに驚くが、この長蔵の下で滔天が育っていった環境をみていくと、革命家宮崎滔天の思想は孫文の影響もさることながら、父親の教育が大きかったことに気づかされる。

さらに、滔天の兄八郎は明治十年（一八七七）の西南戦争に反政府の士族集団である熊本協同隊を率いて薩軍に合流し、八代（現在の熊本県八代市）萩原堤において戦死している。当時、世間では薩長藩閥政府に抵抗する士族を正義の士として見る風潮があり、宮崎一族を囲む周辺からも八郎の戦死は名誉として受け止められていた。兄八郎が戦死したとき、滔天はわずか七歳になるかならないかの頃だが、身内や周辺からは尊敬の意味を込めて「八郎さんのごとなりなっせ」（熊本弁で「八郎さんのようになりなさいよ」の意）と励まされ、天下国家を語り、兄を越えることを期待されたのだった。滔天の半生の記である『三十三年の夢』を読むと、家族の事、中国革命の事について正直な心情が吐露されているが、憲政の神様と称される犬養毅や右翼の大物といわれる頭山満の十分過ぎる支援を受けたことに深い感謝の意を述べている。犬養、頭山の両名は滔天の持つ裏表の無い直向きな天性の人柄に惚れ込んでいたのではないだろうか。

この滔天は時に、中国革命から離脱して浪曲師にもなっているが、当時人気の浪曲師である桃中軒雲右衛門に弟子入りし、桃中軒牛右衛門として高座を務めたこともある。牛右衛門という変わった芸名も残された滔天の写真からしてひげ面の大男であり、「牛」という高座名になるほどと唸ってしまう。この浪曲師稼業は明治三十五年の頃（一九〇二）のことだが、明治四年（一八七一）に身分制度を排除する解放令が政府から出されていたものの、浪曲師など芸能関係の職業は依然として賤民の仕事だった。裕福な郷士の家に生まれ、自らの手で財布から現金を掴み出して代金を払ったことの無い滔天が賤業に就いたことに志士仲間は大変に驚いたという。身分制度を気にしない父長蔵の姿勢があったとはいえ、賤業に就いた滔天の目的は何だったのだろうか。頑固にこびりつく身分制度を知ることで人間社会の意味を知ろうとしたとも、中国革命の資金を稼ぐ目的があったとも言われている。が、しかし、その滔天の真意は文字を読むことも書くこともできない庶民に、民主社会を啓蒙するには浪花節語りとなって平易な言葉で政治を説き聞かせすることにあったのではないかと想像する。さらには、明治時代、長い船旅においては旅客に芸を披露することで芸人は船賃が無料になったという。日本中を旅した滔天にとって、庶民の啓蒙と船賃無料という一石二鳥の方策が浪曲師だったのではと考える。

いずれにしても、賤業を選択した滔天に頭山満など「幕ぐらい作らじゃこて」（博多弁で「高座用の幕ぐらい作らなくては」の意）と言って、浪曲師に転じる滔天に「桃中軒牛右衛門さん江」というお馴染みさんからの幕を贈っている。頭山は『福陵新報』という新聞社を福岡に興したが、この新聞事業は社会情勢を大衆に知らしめることで自由民権思想を広める目的があった。このことは新聞と浪曲師という違いはあれども、滔天が浪花節語りとなって庶民を啓蒙する手法と同じなのではないだろうか。

結果的に滔天の浪花節語りは頭山満の地盤である九州博多での公演で大成功を収め、連日、玄洋社関係を中心とした人々が押し掛けたという。なかには、あの革命浪人の滔天が本当に浪曲師になったのかどうか見てやろう、という野次馬根性の見物人が含まれていたのも確かだった。その滔天の高座見物に引っ張り出された一人に、当時、石炭王と呼ばれた伊藤伝右衛門がいる。伊藤からの祝儀を受け取らせて滔天に恥をかかせてやろうという玄洋社仲間の魂胆だったが、直に現金を受け取ることは武士の恥と教えられていた滔天にとって、頭を下げ、祝儀をはずんでもらう恥ずかしさは筆舌に尽くしがたい苦痛だったようである。玄洋社の連中が滔天に侮辱的な苦痛を味わわせたのも、浪花節語りという賤業から早く抜け出させたいという革命同志の愛情表現ではあったのだが。

大正十年（一九二一）、滔天の息子龍介が伊藤伝右衛門の後妻である歌人の柳原白蓮（大正天皇の従姉妹）と駆け落ちした。これは伊藤伝右衛門に対する父親への屈辱の仕返しではなく「駕籠の鳥」状態だった白蓮への同情から発展したものだが、日本全国を揺るがす「白蓮事件」になるとは滔天も想像できただろうか。さすがに、亡命中とはいえ中華民国の大総統となる孫文と小石川植物園（東京文京区白山）近くの一つ屋根の下で暮らしていた龍介だけに、その行動も熱意も父親譲りの豪放磊落、心意気があったのではないだろうか。

富士山と能楽

個性の時代といわれて久しいが、上野寛永寺の天璋院篤姫、谷中霊園の徳川慶喜の墓は別格としても都内各地の墓地では生前の故人を彷彿とさせる個性的な墓石にお目にかかる。それら個性的な墓石に興味を惹かれたのか、近頃、「墓マイラー」と称する著名人の墓地を巡る人々が登場し、墓場もなかなかに賑やかである。そこに寺男か縁者のように墓の主について語ってくれる「墓場オジサン」までもが出現してきた。押しつけがましく素人相手に講釈を垂れるオジサンが多い中、東京文京区にある護国寺では親切な墓場オジサンに巡り合うことができた。一般には知られていない現

護国寺　日本近代建築の祖　ジョサイア・コンドルの墓　参拝者のためにパンフレットが用意されている

護国寺　中村天風の墓　著名な思想家でありながら質素、それでいて日々、参拝者があることを窺わせる墓だった

護国寺
野間清治の墓

在の皇后陛下の母方である副島家の墓を示してくれたが、墓石の裏面には佐賀県士族と刻まれている。他にも、思想家の中村天風、空手家の大山倍達、劇作家の梶原一騎、講談社を創立した野間清治、建築設計家のジョサイア・コンドル、昭憲皇太后（明治天皇の皇后）お気に入りの歌人下田歌子の墓もあるとのこと。墓場オジサンが語るには、豊島ヶ岡御陵という天皇家の陵墓の隣を著名人が望んだこともあるが、護国寺の大旦那であった徳川幕府が崩壊してしまった以上、寺のパトロンとして有名人を歓迎したのではと言う。護国寺も明治維新という変革の波の中、生き残りを賭けて発想の転換をしたということになる。

墓場オジサンの案内で護国寺の墓地を歩いていると、

一風、変わった墓石が本堂の裏手で目に着いた。多くの墓石が灰色か黒褐色の見上げるような風貌だが、その墓石はまるで、クリスチャンの墓にも似た形をしている。脇には夫婦と思える人物像の銅板レリーフが嵌った石碑までがあり、鬱蒼と茂る木立と数多の墓石群の中で、この墓所だけは異彩を放っている。頭頂は陸軍軍人の墓石のように尖っているが、よく見るとマイルストーン（石の道標）にも見える。人目を引く特異な形と象牙色をした墓石はそこだけが別の世界のようだった。

この墓石は、明治二十八年（一九三二）の九月から十二月まで冬期の富士山頂で気象観測をした野中到、千代子夫妻の墓所だった。明治時代、標高三七七六メートルの富士山で冬期の気象観測を行なうのは日本でも初めてならば、高所での気象観測は世界でもごく限られた場所でしか行なわれていなかった。この日本初の快挙と言ってもよい高所の気象観測だが、驚くのは夫婦で観測を続けていたということにある。野中到、千代子夫妻は共に福岡藩士族の末裔で、到は大学予備門を中退してまで富士山の気象観測に没頭したという。

日本人のみならず日本を訪れる外国人が感動するのは頭部に雪を頂いた富士山の姿だが、左右に裾野が広がり冠雪した姿は秀麗である。しかしながら、冬期の富士登山を体験した方の話では、遠くから見る富士山は雪で覆われているように見えるが、それは雪ではなくぶ厚い氷だという。富士山周辺は風を遮る高い山が無いために頂上部は強風が吹き付け、標高は三七七六メートルでも世界最高峰およそ八八五〇メートルのエベレスト（チベット名チョモランマ、ネパール名サガルマータ）と同じ自然環境にあるという。そのため、エベレスト登山を目指す日本の登山家たちは訓練として冬期の富士登山を試みるのだという。野中到も冬期の富士登山において何度も装備品の改良を加えたそうだが、さほど過酷な自然環境の中、気象観測を続けさせる強い意思は何だったのだろうかと考える。自らも気象庁の職員であった新田次郎（数学者でエッセイストの藤原正彦氏の父藤原寛人）が小説『芙蓉の人』で野中夫妻を描いたが、野中到は気象観測において世界に冠たる日本を意識したとある。いずれにしても、野中夫妻の気象観測は科学知識による自然界への挑戦であったのは確かである。

気温や風力、気圧など野中夫妻は二時間おきに交代で計測していたというが、互いに十分な睡眠もとらず、極寒の地での気象観測は苦難の連続だった。高地特有の気圧不足から満足にご飯は炊けず、薄い酸素のなか、人間の生存にとって不可欠な呼吸、睡眠、食事が不足する中で気象データを集めたという。この野中夫妻の苦闘を読みながら、もし、早い時代から気象観測によって天気予報を出すことができたならば船舶の航行にも支障をきたすことは無かったのではと思えた。ジョン万次郎、アメリカ彦蔵のように荒れ狂う暴風雨を経験し、太平洋を漂流することもなかっただろうにと同情の念が湧いてくる。この気象観測による天気予報は船の航行だけにとどまらず農産物の生産にも大きく貢献しただろうが、どちらかといえば、この野中夫妻は気象観測の功績よりも夫婦愛の象徴として描かれる傾向にある。

野中夫妻が富士山で冬期の気象観測を行なった翌年の明治二十九年（一八九六）八月二十七日、岩手県の花巻に宮沢賢治が誕生している。宮沢賢治といえば多くの童話を残した人物だが、その代表作の一つに『風の又三郎』がある。この『風の又三郎』の元になったのは二百十日の日に「風の寒三郎、風吹かないでくりりゃ」という新潟県や岩手県の「風避け」の風習とも、新羅三郎《しんらさぶろう》伝説に

護国寺　野中到・千代子夫妻の墓所にあるレリーフ

護国寺　野中到・千代子夫妻の墓　道標にも似た墓石

よるものともいわれている。新羅三郎は杉浦重剛（夏目漱石の師、教育者、思想家）の先祖でもあるが、この新羅三郎は別名「風の三郎」とも呼ばれている。宮沢賢治は東北地方の台風被害を避ける風習から童話を仕立てたのだが、不安定な気候によって農民が凶作に苦しむ現実を伝えたかったのかもしれない。

実際に賢治が生まれてから亡くなるまでの三十七年間

〈上・下〉神奈川県茅ヶ崎市美術館。旧川上音二郎邸に建てられているが、そばに野中到、千代子夫妻の家もあったという。左の門柱の表札は「川上」のまま

をみても、東北地方は様様な自然災害などに襲われ、農作物の被害から派生した事件も起きている。
明治二十九年（一八九六）三陸大地震、陸羽大地震、大雨、稲実らず、赤痢流行
明治三十二年（一八九九）岩手県に赤痢大流行
明治三十五年（一九〇二）東北大凶作
明治三十六年（一九〇三）東北凶作
明治四十三年（一九一〇）岩手県は秋の豪雨で不作
大正二年（一九一三）東北大凶作
大正四年（一九一五）米価の暴落
大正六年（一九一七）岩手県豊作　米価暴落後に大暴騰、賢治、肥料の研究を始める
大正七年（一九一八）全国に米騒動
大正八年（一九一九）岩手県豊作
大正十年（一九二一）安田善次郎　朝日平吾に個人的恨みで刺殺される
大正十四年（一九二五）岩手県豊作
大正十五年（一九二六）賢治、稲作指導で農村巡回
昭和二年（一九二七）賢治、肥料設計書二千枚書く
昭和三年（一九二八）賢治、旱天で稲作不良を心配し農村を回る
昭和六年（一九三一）七月、冷害型の稲作不良を予測　東北冷害　娘身売り、
九月、満洲事変

昭和七年（一九三二）三月、血盟団事件で井上準之助、団琢磨が血盟団員に射殺される
　五月、五・一五事件で海軍青年将校に犬養毅暗殺される
昭和八年（一九三三）三陸大地震津波　岩手県豊作　日華事変、九月　宮沢賢治死去
昭和十一年（一九三六）二月、二・二六事件　陸軍青年将校の反乱

宮沢賢治には『雨ニモマケズ』という有名な詩がある。

雨ニモマケズ
風ニモマケズ
雪ニモ夏ノ暑サニモマケヌ
丈夫ナカラダヲモチ
慾ハナク
決シテ瞋ラズ
イツモシズカニワラッテヰル
一日ニ玄米四合ト
味噌ト少シノ野菜ヲタベ
アラユルコトヲ
ジブンヲカンジョウニ入レズニ
ヨクミキキシワカリ

ソシテワスレズ

野原ノ松ノ林ノ蔭ノ
小サナ萱ブキノ小屋ニヰテ
東ニ病気ノコドモアレバ
行ッテ看病シテヤリ
西ニツカレタ母アレバ
行ッテソノ稲ノ束ヲ負ヒ
南ニ死ニソウナ人アレバ
行ッテコワガラナクテモイヽトイヒ
北ニケンクワヤソショウガアレバ
ツマラナイカラヤメロトイヒ

ヒデリノトキハナミダヲナガシ
サムサノナツハオロオロアルキ
ミンナニデクノボートヨバレ
ホメラレモセズ
クニモサレズ

サウイフモノニ
ワタシハナリタイ

想定不可能な自然災害と天候に左右される中でも大地に根をおろして働かなければならない農民の苦しみや悲しみに、唯一、人間が立ち向かえるのは科学という智恵である。その科学の力が生み出した肥料開発、土壌研究を盛岡高等農林学校時代から賢治は始めているが、自身の病臥の枕辺に来る農民にも親切に指導し、肥料開発と土壌改良に腐心していた。

「われわれはどんな方法でわれわれに必要な科学をわれわれのものにできるか」
「われわれに必須な化学の骨組み」

賢治が書き残した文献には「科学」や「化学」という文字が散見されるが、晩年の賢治は農民やかつての花巻農林学校の教え子たちに講義を続けていた。化学肥料による土壌改良の意味が分からない農民からは「デクノボー」と呼ばれ、土壌改良が効を奏して豊作であったとしても天の恵みとして「ホメラレモセズ」にいたのではないだろうか。

日本における気象観測としては明治八年（一八七五）に東京中央気象台が設置され、明治十六年（一八八三）には天気予報業務が開始されている。この天気予報業務が開始された年、インドネシアのスンダ海峡でクラカタウという火山島が大爆発を起こし、三十六メートルの大津波はアメリカ西海岸、ヨーロッパのドーバー海峡にまで到達したという。この時の爆発による気圧波は地球を七周、およそ二年間に亘って地球は火山灰で覆われ、気温が低下していたという。

昭和七年（一九三二）七月一日、野中夫妻の決死の努力が実り、富士山頂での通年気象観測が始まった。それは科学の力で自然を予測し、生活の糧に有益な情報を人々に与えるものとなった。今では気象衛星での観測が当たり前になり、野中夫妻の功績は振り向かれることは無いが、訪れた時、護国寺本堂の裏手で静かに眠る野中夫妻の墓は忙しない蝉しぐれに囲まれていた。そのマイルストーンにも似た墓石は科学の世界が人々を幸せに導いた一歩を示す一里塚であることに間違いない。

野中夫妻は旧福岡藩士族の流れになるが、千代子の父である梅津只圓《しえん》は福岡藩主お抱えの喜多流能楽の師であった。代表作『ドグラ・マグラ』の作家夢野久作も幼い頃、「武士の子たる者が乱舞を習わぬというのは一生の恥じゃ」と祖父杉山三郎平（灌園）に連れられ梅津只圓の門を叩いている。『梅津只圓翁伝』という久作の作品には「シテ方（能の演技者）」野中到という名前が登場するが、富士山頂気象観測をした野中到のことである。野中の岳父である梅津只圓は『柏崎』『三井寺』『桜川』『弱法師《よろぼうし》』『葵上《あおいのうえ》』『景清』『忠度（囃子）』『鵜飼』『遊行柳（囃子）』という自筆の謡曲を弟子であり娘婿（甥でもある）の到に「富士山の絶頂で退屈した時に謡いなさい」と与えている。能は神様に捧げる芸だが、只圓の言葉には富士山頂の浅間神社に捧げなさいという意味も含まれていたのではと想像する。

明治時代、文明開化が進む日本では古典芸能の能楽一本で食べていくことは難しい世となっていた。野中到の上司である東京天文台長の寺尾寿も旧福岡藩士族の流れになるが、維新後、互いに生活の糧を求めて東京に出てきた仲だった。そんな野中と寺尾はお国ことば丸出しで富士山の気象観測話をしていたのではないだろうか。

ジョン・レノンと歌舞伎

東京墨田区堤通に「木母寺《もくぼじ》」という寺がある。東武伊勢崎線「鐘ヶ淵」駅から隅田川を目指して歩くと七分か八分ほどのところにある。再開発にともなう移転でコンクリート造りの寺に生まれ変わっているが、川向こうの浅草寺の賑わいぶりを知る身にとって、閑散とした雰囲気に目を疑う。それは寺の周囲が防災用地であるということだけではなく、周辺に掃除機の部品やタイヤなどの粗大ごみが投棄されていたからでもある。さらに、営業車両やタクシー運転手の格好の休憩所となっており、わずかに人の気配はするものの、寺の境内はいたって静かである。時に、寺の関係者かと思って声をかけた人は電気メーターの検針員だったが、怪しい風体をしているわけでもないのに「なんだこの野郎」と言わんばかりに迫られたのには驚いた。人違いを謝罪したにも関わらず、目つきは鋭く、まるで寺の縁起に関わる「人買い」とはこんな目つきの男だったのではと思ってしまった。

残っている木母寺の略誌から見ると、この寺は平安中期の貞元元年（九七六）に僧の忠円によって梅若塚が築かれ、翌年に念仏堂が建立されたことが起源という。この貞元元年前後の様子を見ると、京の都で大地震、疫病の流行、奈良の薬師寺を始めとして各地の著名な寺院が炎上するなど、天下が乱れに乱れている頃である。古典芸能に精通している方なら木母寺という名前から「梅若」を想起し、能や歌舞伎の『隅田川』を連想されるかもしれない。寺に伝わる「梅若権現御縁起」の解説書を読んだとき、すぐさま森鴎外の『山椒大夫』の物語を思い出したが、母子が人買いに騙されて生き別れとなり、最後は盲目の老婆になり果てた母親を厨子王が探し出して再会するという物語である。「安寿恋しやほうやれほ、厨子王恋しやほうやれほ」と歌いながら粟にたかるスズメを追い払う母親を厨子王が探し当てるハッピーエンド物語である。この作品は涙にくれるものの最後は安堵感に代わるが、『隅田川』の場合は梅若が病で亡くなった後に母親が登場するという憐れな結末となる。お釈迦様が説くところの「愛別離苦」そのものの仏教説話にも似て、多くの人々の涙を誘ったことから舞台の脚本になったのではないだろうか。

平安時代中期は貴族社会から武家社会に体制が移行する変革期だが、治安が乱れた中での幼児誘拐、いわゆる「人買い」が頻繁に出現するのは日常だった。もともと、梅若は吉田少将惟房《これふさ》卿の子供だったが、父を喪った後に七歳にして比叡山で修学中、山法師の争いを逃れて人里に下りたところを人買いに欺かれて東国に送られたのだった。隅田川に辿り着いたものの長旅の疲れから病に罹り、

《尋ね来て　問はは応えよ都鳥　隅田川原の露と消へぬと》

という辞世の句を残し、わずか十二歳にして梅若は世を去った。

梅若が隅田川河畔で亡くなると通りかかった天台宗の僧忠円阿闍梨《あじゃり》が心やさしき村人とともに弔い、塚を盛ったという。その葬った塚には柳をひと株植えていたが、その翌年、里人が法要を摂り行なっているところに梅若を探し求めていた母親が巡り合わせ、母と子は無言の再会を果たすことになる。この母親が息子の弔いのために庵を建てたのが木母寺の起源というが、梅若と柳から「木」、子供を求める「母」から木母寺となったようだ。

昭和四十七年（一九七二）一月、オノ・ヨーコは結婚したジョン・レノン（本名：John Winston

Ono Lennon）とともに日本に里帰りしている。ジョン・レノンといえばイギリスが生んだ世界的なロックバンドであるビートルズのメンバーだが、オノ・ヨーコと結婚したようにジョンは日本趣味を持っていた。オノ・ヨーコ行きつけの民芸店主の誘いで歌舞伎を観劇したほどだが、言語も文化も風習も異なるイギリス人に日本人でさえ理解が難しい古典芸能の歌舞伎が理解できるのだろうかという不安の中、不思議なことにジョンは演目の『隅田川』に魂を奪われている。歌右衛門と勘三郎が演じる舞台での梅若塚で母親が称名を唱えたところ亡くなった「梅若」が幻の如く現れ、その場面にジョンは涙を流したという。その時、ジョンの胸を去来したものは、何だったのか。自身も生き別れとなって暮らした母親に探し求めて欲しかったからではないだろうか。ジョン・レノンは一九四〇年（昭和十五）生まれだが、幼い時に両親が離婚し、伯母が経営する孤児院のストロベリーフィールズで過ごしたという。ジョン・レノンが歌舞伎の『隅田川』で涙する裏には、梅若に自身の境遇を重ね合わせたのは間違いないだろう。古典芸能のストーリーや言語も満足に理解できないジョンが母子の情愛を理解できたことに不思議を感じずにはおれない。

このジョン・レノンの涙の話を知ったとき、夢野久作の『梅津只圓翁伝』の一節が忘れられない。《明治十四年から同二十五年の間といえば、維新後滔天の勢を以て日本に流れ込んで来た西洋文化の洪水が急転直下の急潮を渦巻かせている時代であった。人間の魂までも舶来品でなければ通用しなくなっていた時代であった。人々は吾国固有の美風である神仏の崇拝、父母師友の恩義を忘れて個人主義、唯物主義的な権利義務の思想に走ること行燈《あんどん》とラムプを取換えるが如く、琴、三味線、長唄、浄瑠璃を蹴飛ばしてピアノ、バイオリン、風琴（アコーディオン）、オルガンを珍重すること

傘を洋傘に見換える如くであった。》
文明開化の名のもとに競って西洋の文物を珍重した日本人に対する久作の諫言ともとれるが、およそ一世紀後、世界を席巻したビートルズのジョン・レノンが日本の古典芸能に心惹かれるとは皮肉なものである。
能や歌舞伎の『隅田川』の舞台である木母寺もかつては徳川家康が参拝したことから徳川家の庇護下にあったが、明治維新での廃仏毀釈、戦災、防災拠点事業で現在の地に近代的なコンクリート造りとなっている。それでも、「能楽は平時の武士道の精華である」と言われるとおり、世界平和を訴える楽曲を手掛けたジョン・レノンにとって母子の情愛だけではなく、『隅田川』に流れる武士道精神の精華に強く共感したのかもしれない。オノ・ヨーコの母方の曽祖父は安田財閥の安田善次郎だが、ジョン・レノン（John Winston Ono Lennon）はオノ・ヨーコの父方の苗字であるOno（小野）を名乗っている。オノ・ヨーコの先祖は福岡柳川藩の重臣であることからジョンはサムライの系統に連なることを誇りにしていたという。

敗戦を経験した『兵隊さんの汽車』

《護国寺の山門の朱の丸柱強きものこそ美しくあれ》　窪田空穂
東京メトロ有楽町線「護国寺駅」を降り、エスカレーターと階段を使って地上へと出ると、そこは真夏の日差しに白く光るT字路の幹線道路があった。初めて訪れた時、はて、護国寺はどこだろうと頭を回すと、目の前に護国寺仁王門が迫り、なんのことはない、地下鉄出口は護国寺の仁王門に通じていたのだった。紺、白、赤、黄、緑の幕で彩られた仁王門には聖域を守る守護神の仁王像が構え、寺域の脇には警視庁の交番までもがある。なかなか厳重な場所だが、昔、この警察官が居る場所は番屋でもあったのだろうかと訝りながら、アスファルトと石畳の緩い坂を進むと窪田空穂の歌は仁王門脇の「大本山護国寺」を示す大きな石柱の傍に掲げてあった。

平面の地図ではわからないが、現地に到着してみると近代的なビル群の中から突如として目的の神社仏閣に出くわすことがある。東京ではよくあることだが、この護国寺もそうだった。ビルに囲まれ、交通量も多いなか、護国寺は仁王門をくぐると不思議に静寂に包まれる。まるで、俗塵だけではなく車の騒音や喧騒すらも山門が遮断しているかのようである。綺麗に掃き清められ、公園のような境内を進むと、やや勾配のある長い石段が目の前に登場する。その左右には寺院には珍しい一対の手水舎があるが、五代将軍徳川綱吉の生母桂昌院が寄進したもので元禄十年（一六九七）頃の作という。その手水舎の右手には、なぜか、これもまた寺院には不釣り合いな石の鳥居があるので覗いてみると、「富士道」という石の標柱がある。興味本位で鳥居を潜り、ごつごつした小高い岩場を登りきるとそこには「富士浅間神社」があった。富士山に登らなくとも、このミニ富士山に登れば富士山頂の浅間神社に参拝するのと同じ御利益があるといわれる「富士講」だったが、あまりに呆気ない結末を迎える登山だった。しかしながら、江戸時代の庶民にとって護国寺の「富士講」は信仰の場所でありながら物見遊山にも似た娯楽でもあったのだろう。

この護国寺を訪れると仁王門の雄大さに目を奪われてしまうが、仁王門横の交番を右手に進むとこれも見事な「惣門」が登場する。これは護国寺の住持、つまり僧侶の住まいに通じるお勝手口なのだが、寺の裏口といいながら五万石以上の大名屋敷の門に相当する大きさという。徳川家の厚遇を受けていた護国寺ならではだが、その「惣門」の前に「音羽ゆりかご会」「音羽幼稚園」「川田正子音楽教室」の看板を目にして納得の声をあげた。先ほどの「富士講」の鳥居横に海沼実が作詞作曲した『からすの赤ちゃん』歌碑があるのが不思議だったが、日本の童謡発祥の地ともいうべき「音羽ゆりかご会」の看板から童謡歌碑が護国寺にあることの関係性が理解できたのだった。

護国寺　山門

護国寺　桂昌院が寄贈した対の手水舎

護国寺　富士講の富士山に至る参道前

『からすの赤ちゃん』　海沼実：作詞、作曲
からすの赤ちゃん　なぜなくの
こけこっこの　おばさんに
あかいぼうし　ほしいよ
あかいおくつも　ほしいよと
かあかあ　なくのね

護国寺　通用門　五万石の家格を誇る門構え

護国寺　「からすの赤ちゃん」歌碑　富士講参道手前にある

幼い頃、童謡の『からすの赤ちゃん』は絵本を手に母親から教えてもらった記憶がある。児童合唱団で全国的に有名な「音羽ゆりかご会」「川田正子音楽教室」の看板を護国寺で目にしたことで古い思い出が甦ってきたが、川田正子と言っても誰のことだろうと思われるかもしれない。戦前、「カ

ラスの鳴かない日はあっても、川田正子の歌が聴こえない日はない」とまで言われた日本を代表する童謡歌手である。その川田正子の代表作のひとつが軍歌の『兵隊さんの汽車』である。

『兵隊さんの汽車』　富原薫：作詞　草川信：作曲　川田正子：歌
汽車汽車ポッポポッポ　シュッポシュッポシュッポッポ
兵隊さんを乗せて　シュッポシュッポシュッポッポ
僕等も手に手に日の丸の旗を振り振り送りませう
萬歳　萬歳　萬歳
兵隊さん　兵隊さん　萬萬歳

そして、敗戦後、この日本国民に愛唱された軍歌はメロディーだけはそのままにして童謡『汽車ポッポ』に生まれ変わった。

『汽車ポッポ』　富原薫：作詞　草川信：作曲　川田正子：歌
汽車汽車ポッポポッポ　シュッポシュッポシュッポッポ
僕等を乗せて　シュッポシュッポシュッポッポ
スピードスピード窓の外　畑も飛ぶ飛ぶ家も飛ぶ
走れ　走れ　走れ

鉄橋だ　鉄橋だ　楽しいな

様相も一変した歌詞には戦争中の敵性語であった「スピード」という英単語までが加えられての再発進だった。敗戦という社会変革に歌詞を変更することでリメイクされた川田正子の『汽車ポッポ』だったが、『みかんの花咲く丘』(加藤省吾：作詞、海沼実：作曲)の大ヒットによって川田正子は新しい時代の波に乗ることができた。

川田正子に縁がある護国寺自体も幕末から明治にかけて変革を求められた寺だった。護国寺の「惣門」をさらに右手に進むと、鉄柵の向こうに「惣門」と変わらぬ風格のある門が登場する。ここが宮内庁管轄の「豊島ヶ岡御陵」の入口である。もともと護国寺の寺域であったものを明治政府の命令で皇室の墓所として収用したのだが、都心に鬱蒼と繁る小高い丘を見て護国寺の墓地は広いなあと感心していたのだが、なんのことはない、香淳皇后(昭和天皇の皇后)の葬儀も行われた皇室の御陵だった。徳川家に関係が深かった谷中霊園は明治政府によって広さを十分の一に減らされたが、この護国寺も明治政府によっておよそ半分の寺領を接収されている。菊の御紋を戴く門の瓦を見上げながら、敗戦を含む幾多の時代の洗礼を受けた護国寺は真夏の光の下、無言だった。

第三章　近代の戦争

泉岳寺の日清戦争

明治二十七年（一八九四）七月、日本と清国（中国）との間で朝鮮の主権を巡っての戦争が起きた。いわゆる日清戦争だが、赤穂浪士の墓があることで有名な泉岳寺には日清戦争で戦没した「殉節三烈士」の碑がある。夜な夜な品川沖に出没したことから天井に釘止めされたという龍の彫金がある山門脇にその碑は立っているとあったが「殉節三烈士碑」はついに探し出すことはできなかった。「殉節三烈士碑」は中国語通訳官や密偵として徴用された山崎羔三郎《やまさきこうざぶろう》、鐘崎三郎《かねさきさぶろう》、藤崎秀《ふじさきしゅう》の三人の事績を称えるもので、三人の苗字に「崎《さき》」の文字が入っていることから通称「三崎《さんせき》」とも呼ばれる。この「三崎」こと山崎羔三郎《やまさきこうざぶろう》、鐘崎三郎《かねさきさぶろう》、藤崎秀《ふじさきしゅう》の三人は上海に設けられた日清貿易研究所という学校の卒業生だったが、この学校は日清間の貿易振興を目的として設けられた学校である。そのために中国語学習が必須だったが、その類まれな中国語能力と中国大陸の地理に詳しいということから山崎たちは日本軍への協力を求められ、志願したのだった。清国（中国）の複雑な言語、商習慣を熟知し、日頃から辮髪と胡服（シナ服）に身を包んだ山崎たちは清国人と見分けがつかず、密偵には最適だったという。

日清戦争は日本が帝国主義に目覚め、領土的野心から朝鮮半島、中国大陸を侵略する対外戦争の始まりであると語る方がいる。明治四年（一八七一）、日本と清国（中国）との間に日清修好条規が締結されたものの、その条約の内容は治外法権を認めない不平等条約の相互承認にすぎず、そのため、明治十六年（一八八三）には長崎アヘン事件が起きている。これは、居留地とはいえ日本では禁制のアヘンを清国人が吸飲していたことから日本の警察官が取り締まろうとしたところ、治外法権を盾に清国人が捜査を妨害した事件だった。結果、清国政府は治外法権を主張して犯罪者の引き渡しを拒否し、取り締まりにあたる日本側警察官のサーベル佩用禁止を求めるという内政干渉に及んでいる。

さらに、明治十九年（一八八六）にも長崎事件という四五〇人とも五〇〇人ともいわれる清国水兵と日本の警察部隊との間で市街戦が勃発し、日清双方で五十五人もの死傷者を出す騒乱事件となった。この事件も治外法権を盾に清国側は犯罪者の引き渡しや処分に応じることは無く、むしろ日本をあざ笑うかのような対応をとっている。

この清国（中国）の日本蔑視の行動は明治二十四年（一八九一）九月の清国北洋艦隊来航騒動へとつながるが、世界最強とも東洋最大ともいわれる戦艦「定遠《ていえん》」「鎮遠《ちんえん》」を擁する清国北洋艦隊は長崎、呉、神戸、東京（品川）の港を訪問して日本側に清国海軍の強大さを見せつけるという威圧行為に出てきた。これは、同じ年の四月にロシア皇太子が七隻の軍艦を率いて長崎、神戸を訪問し、滋賀県大津を通過中のロシア皇太子に巡査の津田三蔵が切りつけるという「大津事件」が起きた直後のことだっただけに、大国ロシアの宣戦布告に怯える日本に対しての清国による追加的威圧行為だった。

日清間の対立は長崎アヘン事件、長崎事件、清国北洋艦隊来航騒動という日本国内での事件だけではなく、明治十五年（一八八二）の壬午《じんご》事変、明治十七年（一八八四）の甲申《こうしん》事変と清国が属国と主張する朝鮮においても起きている。この朝鮮における二つの事変のうち壬午事変は朝鮮国内の政変に乗じて朝鮮駐在の日本政府関係者が襲撃、殺傷された事件だが、甲申事変では在留邦人婦女子は強姦の末に斬殺という残虐な事件に発展している。このことは、清国（中国）がいかに日本という国を侮辱していたかの証拠である。

壬午事変の後、朝鮮における日本公使館員の保護を目的に日本兵の駐屯が認められたものの、甲申事変では朝鮮の宗主国である清国軍の圧倒的な勢力の前に日本側は全く刃が立たなかった。事変後、日本政府は日本人殺害の謝罪と補償を求める協議を開始したものの清国側は拒否、明治十八年（一八八五）四月、朝鮮における双方の軍の撤兵を相互承認するのみにとどまった。これは、仮に朝鮮に出兵する場合、日清双方は事前に出兵の協議を要するとの天津《てんしん》条約の締結に至ったが、条約締結は名目だけで、朝鮮を属国とみなす清国は八〇〇人の兵員を官吏や商人に変装させて朝鮮国内に駐留させ続けていたのだった。

明治二十七年（一八九四）、朝鮮政府の悪政に反旗を翻した農民反乱である「東学党の乱」が起き、朝鮮政府の要請という名目で乱の鎮圧のために清国は朝鮮への本格的な出兵を図ったが、この出兵は朝鮮側の要請であったものの、天津条約における日清双方の事前協議を無視しての清国の朝鮮出兵だった。

その清国の条約違反である軍事行動を山崎羔三郎たちは日本軍に報告していたのだったが、これら一連の情報は軍艦浪速《なにわ》の艦長東郷平八郎にも伝わり、民間の船に兵員、武器弾薬を積み込んで朝鮮に進軍しているイギリス船籍の高陞号《こうしょうごう》を合法的に撃沈する対処にもつながっている。東郷艦長は国際公法に従い、冷静沈着に高陞号の処分を実行することができたが、現在の中国では日本が無通告で「高陞号」を撃沈したと喧伝されている。この「高陞号」には武器弾薬の他に軍資金として銀塊を大量に積み込んでいたというが、いまだ仁川沖のヘドロの中に沈んだままという。かつて、韓国側で「高陞号」を引き揚げる計画もあったそうだが、「高陞号」の財産（銀塊）は中国のものとしてクレームがつき、引き揚げは現在も中止されたままという。

清国の軍事情報を収集中であった山崎たち三人は清国兵に捕まり、拷問の末に斬殺され、遺体は埋葬されてしまった。戦後、その山崎たちの遺体は行動を共にしていた日清貿易研究所同窓生の向《こう》野堅一《のけんいち》によって確認されているが、掘り返された遺体の一つには目印にしていた布切れが足首に巻きついていたという。それは向野が藤崎秀と取り交わした布だったが、布が巻かれた遺体が出てきたとき、向野の嘆き悲しみは尋常ではなかったという。本来、日清間の交易拡大のために大陸に渡ったものの、意に反する戦争で命を落とした山崎たちの姿は哀れとしか言いようがない。山崎羔三郎、鐘崎三郎、藤崎秀の三人が処刑された件は日本陸軍の第二軍幕僚として召集されていた根津《ねづ》一《はじめ》の知るところとなり、根津によって遼東半島に「殉節三烈士」として顕彰碑が設けられることとなった。

ところが、アジアを蚕食していたロシア、フランス、ドイツによる三国干渉によって日本に割譲された遼東半島は清国に返還されることになり、遼東半島にあった「殉節三烈士」の墓碑は根津によって高輪の泉岳寺に移されたのだった。それが泉岳寺山門脇にあるといわれる「殉節三烈士碑」だったのである。

「大日本志士山崎羔三郎捨生取義之碑」

「大日本志士鐘崎三郎捨生取義之碑」

「大日本志士藤崎秀捨生取義之碑」

「殉節三烈士」の碑には右記のように刻まれているという。


しかし、泉岳寺の境内のどこを探しても見当たらない。いいかげん探しあぐねた時、山門脇のお守り札などを販売している案内所から黒の作務衣をまとった寺男のジイサマが出てきたので声をかけてみた。すると、「殉節三烈士碑」は赤穂四十七士の義士記念館を建設するときに邪魔になり、檀家さんの墓地に移し、一般には公開していないという。参拝は無理とのことだったが、とうに七十歳を過ぎた寺男のジイサマは、誰もが忘れ去っている「殉節三烈士碑」を探しに来た当方を不思議そうに見つめる。逆に、どこで知ったのかと質問しながら、この山崎たち「三崎」の他にも三人から四人ほどが清国で一緒に行動をともにしていたと教えてくれた。その生き残りの一人が向野堅一《こうのけんいち》であり、その末裔が時折、参拝に来るとも教えてくれた（記録では、向野と行動を共にしていた猪田正吉、大熊鵬の消息は不明となっている）。

泉岳寺　殉節三烈士碑　放り出されたままの碑に勢いのある雑草が憐れをさそうが、手前に頭山満選書の碑が横たわっている

日清戦争で戦没した山崎羔三郎たちを顕彰する「殉節三烈士碑」は一般の人が立ち入ることができない檀家の墓地に有り、容易には見学できないという。それでも諦めきれず、月日を置いて何度も泉岳寺に足を運び、恨みを抱いての墓荒らしや怪しいものではなく、息子は駒澤大学（曹洞宗系の大学で泉岳寺と関係が深い）の卒業生であり、不審な者では無いと寺と交渉を続けていた。しかしながら、駒澤大学という言葉に一瞬だけ坊主の表情が変化したが、「殉節三烈士碑」は見せられないと頑なに拒まれてしまった。大名家の菩提寺という事からお高くとまっているのかとも訝ったが、「殉節三烈士碑」は墓地の片隅に放置されたままだからと言って冷たく突き放されてしまった。

後日談を少し語ると、泉岳寺にはその後何度も足を運んだ。何かの拍子に「殉節三烈士碑」を見ることができないだろうかという淡い期待からだったが、ある時、それが降って湧いたように実現したのだった。福本日南の墓は青山霊園にあるが、赤穂義士の正史といわれる『元禄快挙録』を著わし、中央義士会まで結成した日南だけに泉岳寺にも顕彰碑代わりの墓があるという。その日南の墓を確かめるために再訪したが、やはり、日南の墓も「殉節三烈士碑」同様に一般の人が立ち入れない檀家さんの墓地にあるという。

ところが、まるでショッピングセンターの特売日の如く境内の駐車場に続々と乗用車が集まってきている。赤穂浪士に関する何か特別な催しものでもと思っていたら、秋のお彼岸参りでの檀家さんたちだった。生花を手にした檀家さんたちは勝手知ったる泉岳寺とばかりに墓地へと向かっている。いつもは閉まったままの本堂左手の門扉が開けられており、墓所へと続く坂道を檀家の一人のように付いていくと、世話役の寺男が福本日南の墓まで案内するという。いつも持ち歩いている数珠を手首に巻いていたので日南の後裔と間違われたようだった。小高い墓地の中央に東屋があり、その傍にある日南の墓石を示し、「すごい先生ですよ」と寺男たちが誉めてくれる。大きなしだれ桜の傘に覆われるようにして「日南福本先生之墓」と彫られた自然石の墓石があった。

日南先生の墓前に買い求めた線香を供え手を合わせたのだが、何気なく後方を見ると石碑が山積みされている場所がある。もしかしてと思い近づくと、果たせるかな、「殉節三烈士碑」だった。さらに、川上音二郎一座の欧州公演紀念碑もあり、偶然の出来事として「殉節三烈士碑」拝観という念願が叶ったのである。なんとかして見てみたいという思いを、三烈士や日南先生、音二郎が「よう参りに来《き》てやんしゃったねえ」（博多弁で「よく墓参りに来てくれたねえ」の意）と導いてくれたかのようだった。やはり、お彼岸ということで思いが向こう岸にたどり着いたのだろう。

泉岳寺　福本日南の墓　日南福本先生の墓と彫られている。檀家以外は立ち入れない墓所にある

泉岳寺　川上音二郎欧米巡遊一行招魂碑　これも殉節三烈士碑同様に打ち捨てられたまま。神奈川県茅ヶ崎市の音二郎別荘跡地の美術館に移転させたらば良いのにと思う

講道館の日露戦争

ＪＲ水道橋駅から東京ドームを左に見ながら歩いていくと、アトラクションの猥雑な音やゲームセンターの人工的な音、車の騒音の中に放り込まれる。原色の広告看板に取り囲まれる中に講道館のビルを見つけた時、これが柔道の殿堂講道館なのかと俄かには信じられなかった。深山幽谷とまではいかないにしても、動と静の中に技を究める柔道家の姿を想像していただけに、肩すかしならぬ柔道技の肩車を食らった感じだった。

この講道館は勝海舟との関係からか海軍と関係が深い。海舟が幕府の役職を罷免されて不遇の日々を送っていたとき、講道館柔道の創始者嘉納治五郎の父治右衛門がその生活を支援したことが縁の始まりである。維新後、明治新政府の海軍卿となった海舟は嘉納治五郎との関係を維持しているが、かつての治右衛門の恩義に応えるだけではなく、海舟と嘉納治五郎との思想の幅が一致したこともあるのだろう。その二人の関係性を示すものとして海舟の扁額が講道館資料部に展示してある。海軍関係としては他にも二人の海軍軍人の写真が掲げられているが、明治三十七年（一九〇四）二月に始まった日露戦争で戦死した廣瀬武夫六段と湯浅竹次郎六段がそれになる。

廣瀬武夫は軍艦「朝日」の水雷長であったが、戦争開始直後の二月二十三日、第一回旅順港閉塞作戦に参加し「報国丸」を旅順港口に沈没させることに成功している。旅順港内のロシア艦隊を封鎖するために船を沈めて港口を塞ぐ作戦だが、続く三月二十六日の作戦にも廣瀬は指揮官として参加した。このとき、乗っていた「福井丸」はロシア海軍の魚雷攻撃を受け、爆薬に点火するために船底に降りていた杉野孫七兵曹長は行方不明となってしまった。廣瀬は船に残された杉野兵曹長を探したものの見つからず、やむなく退避を開始し、ボート上で敵弾に当たり戦死してしまった。この戦場美談から「軍神」廣瀬武夫が誕生するのだが、廣瀬が海軍軍人で柔道家であることは知っていたものの、まさか、講道館の資料部で廣瀬武夫を目にするとは思いもよらなかった。

『廣瀬中佐』　明治四十五年　文部省唱歌

轟く砲音《つつおと》、飛び来る弾丸《だんがん》
荒波洗うデッキの上に
闇を貫く中佐の叫び
「杉野は何処《いずこ》、杉野は居ずや」

船内隈なく尋ぬる三度《みたび》
呼べど答へずさがせど見えず
船は次第に波間に沈み
敵弾いよいよあたりに繁し

今はとボートに移れる中佐
飛来る弾丸《たま》に忽ち失せて

旅順港外恨みぞ深き
軍神廣瀬とその名は残れど

テレビやインターネットも無い時代、この廣瀬中佐戦死の状況は伝聞によってしか知ることができなかったことは想像に難くない。後に文部省唱歌によって日本国民の誰もが知ることとなったが、さすがに、退避行動中のボートで「きんたまにさわって見たか」と何度も兵員に声を掛け、弾雨の中で恐怖心を起こさないように廣瀬中佐が激励していたことまでは伝わっていない。廣瀬中佐のユニークな人柄が窺えるエピソードだが、「軍神」廣瀬中佐については出身地の大分県竹田市に「廣瀬神社」が建立され、東京の青山霊園には兄の海軍少将廣瀬勝比古と並んで墓が設けられている。大東亜戦争中、『廣瀬中佐』を歌いながら子どもたちが青山霊園の墓を参拝したこともあったそうだが、墓所を訪れたとき、早春の光を浴びる「軍神」廣瀬武夫の墓からは往時を偲ぶものは何も感じられなかった。

しかし、この講道館資料室では廣瀬武夫が旅順港閉塞作戦で戦死した折に所持していたという海図が展示してあり、驚くことに血痕が付着していた。海図とともに軍艦「朝日」の添え書きがあり、生前の廣瀬と縁が深かった講道館に贈呈すると記されている。青山霊園では何の感動も起らなかったが、この血痕のある海図を目にした時、本当に廣瀬武夫という人は存在していたのだと強く感じた。

七生報国
一死心堅
再期成効
含笑上船

廣瀬中佐は短い漢詩を残しているが、この漢詩の「七生報国」からは大東亜戦争時の特攻隊を連想してしまう。旅順港閉塞作戦は参加した兵員全てが生還することを前提に立案されたというが、廣瀬中佐と杉野兵曹長が戦死してしまったことで特攻作戦であったかのような印象を受ける。かつて東京神田の万世橋には廣瀬中佐と杉野兵曹長の銅像が立っていたというが、廣瀬中佐が残した漢詩も影響してか、狂信的な軍国主義の象徴となってしまったのだろう。金属供出を免れた銅像は取り壊されているが、敗戦後のどさくさのなか、どのように処分されたのか詳しくはわからない。唯一、靖国神社境内の大きな石の燈籠の土台に嵌め込まれたレリーフによって旅順港閉塞作戦時の廣瀬中佐の雄姿を確認するのみである。

尚、廣瀬武夫と並んで掲げられている湯浅竹次郎少佐は「相模丸」を指揮した五月二日の第三回旅順港閉塞作戦で戦死している。ともに、講道館柔道六段でありながら、「軍神」廣瀬武夫が戦場美談として崇められたために湯浅の名前をとどめる人が少ないのが残念だが、講道館ではあくまでも同門として扱っているところが好ましかった。

靖国神社参道にある大灯篭のレリーフ　旅順港閉塞作戦時の廣瀬中佐退船の様子

築地本願寺の日露戦争

昼間でも賑わいを見せる築地市場（東京中央区築地）の場外を歩いていると、ところどころで小さな寺院に出くわす。生モノ、それも鮮魚を売りさばく市場にお寺という珍妙な取り合わせに手回し良く魚介類の成仏を願って寺院を用意したのだろうかと訝っていた。しかし、その昔、この築地の場外にあたる場所は道路一本隔てた築地本願寺の境内だった。もともと、築地本願寺は浅草の横山町にあり「江戸浅草御坊」と呼ばれていたものが、明暦三年（一六五七）の「明暦の大火」（振袖火事）で焼失してしまい、幕府の区画整理事業により割り当てられたのが現在の地になる。関西から移住してきていた佃島の門徒が中心となって寺の再興を図ったというが、江戸市中に山積みにされた大火の瓦礫で海を埋め立て、寺域を拡張していったという。海を埋め立てて築き上げた土地ということから「築地」と呼ばれ、以後、本願寺は「築地御坊」と呼ばれた。しかしながら、大正十二年（一九二三）九月一日、築地本願寺は関東大震災によって本堂が崩壊してしまい、同じく震災の被害を受けた日本橋の魚河岸が本願寺境内に移転して店を開いたことから点在する庵を取り囲むようにして魚市場が出来上がっていったという。築地場外市場に寺院が点在するという歪さは関東大震災の名残だったのである。

関東大震災によって崩壊した築地本願寺も再建作業が始まり、その際に現在のインド様式の寺院として生まれ変わっている。昭和九年（一九三四）に竣工したが、このインド様式の寺に生まれ変わったことで驚くのは外観だけではなく、本堂内部が椅子席に生まれ変わったことだろう。明治元年（一八六八）、築地に外国人居留地が設けられたが、これからの日本人も近代化にともない西洋人のような椅子の生活になると予見していたことから本堂建て替えの機会に畳敷きから椅子席に変え

日本橋魚市場発祥の地碑　日本橋のたもとにあり、正面の像は乙姫様とのことだが、現代の竜宮城はゴミ、タバコの吸い殻、空き缶だらけ

日本橋　橋の上部は首都高速道路　景観を考えずに効率を優先した結果である

築地本願寺遠景　インド様式の外観だが、日本の仏教寺院の概念を覆す

ている。ざっと数えても一千人は優に収容できる広大な本堂に感心するが、平日の昼間、作業服姿の人、営業途中のサラリーマンが椅子に埋もれるようにして午睡という極楽の世界に遊んでいる。

その築地本願寺の境内にはいくつかの墓と記念碑があるが、そのなかで、案内看板が立っていないために注目を集めないのが「凱旋釜碑」である。正門を右手に折れ、銀杏の木々のなかに埋もれるようにして立つ一本の石柱に誰も注意を惹かない。昼間でも木立で薄暗いなか、傍のベンチで缶コーヒーを飲んでいたサラリーマンなどはカメラのフラッシュに一瞬振り向きはするものの、すぐさま無関心になる。この「凱旋釜碑」は日露戦争の戦勝記念に杉山茂丸が児玉源太郎に贈った巨大な茶釜を埋めた跡といわれる。児玉源太郎は明治三十七年（一九〇四）二月八日（宣戦布告は二月十日）に始まった日露戦争において満洲軍総参謀長として指揮を執ったことで著名である。しかし、日露戦争では東郷平八郎率いる連合艦隊が日本海海戦でバルチック艦隊を壊滅状態に追い込んだことから、どうしても注目は日本海軍に集まる。日露戦争といえば日本海海戦という図式は「神風」にも似た揺るぎ難い何かがあるのだろう。

明治十年（一八七七）二月、西郷隆盛軍と政府軍の衝突である西南戦争が勃発した。このとき、児玉源太郎は谷干城《たてき》少将とともに熊本城に籠城しているが、この西南戦争での勝敗の分かれ目は近代兵器と物量、情報（通信）であった。なかでも「通信は指揮命令の命脈」として重要だが、それは泉岳寺の「殉節三烈士」こと山崎羔三郎たちが清国軍の情報を詳細に報告したことが情勢分析に繋がったことで証明済みである。もともと、情報という言葉も「敵情報告」という軍隊用語から派生した言葉だが、戦略、戦術において不可欠のものである。現代の情報伝達は軍事衛星だろうが、明治時代の日本陸軍では電信によって行なわれていた。有線による電信の歴史は古く、嘉永七年（一八五四）、アメリカのペリー艦隊とオランダ国王から、電信機がそれぞれ幕府に献上されている。早くも明治二年（一八六九）十二月には東京と横浜間でブレーゲー電信機を使って実用化が始まり、明治四年（一八七一）十月には長距離通信が可能なモールス印字機が導入され、十一月からは東京と長崎との間で電信が利用開始となっている。

電信線の延伸については東京、長崎間での実績もあるが、明治七年（一八七四）の「佐賀の乱」、明治九年（一八七六）の「神風連の乱」、明治十年（一八七七）の西南戦争と西日本の旧士族を中心とした叛乱が頻発しており、政府の意向で九州方面に優先的に架設されている。実際、「佐賀の乱」では江藤新平軍が電信線を切断することで情報を遮断したが、「佐賀の乱」勃発の第一報は二月十六日午後十一時四十分に福岡局から発信され二月十七日零時五分に東京で着信している。福岡、東京間はおよそ一千キロだが、二十五分程度で結んでいたことになる。明治九年十月の「神風連の乱」では襲撃された熊本鎮台司令長官種田中将の愛妾小勝《おかつ》が発した「ダンナハイケナイ　ワタシハテキズ（旦那はいけない、私は手傷）」という後世に残る緊急電文が発信されたが、「ダンナハイタイケナイ　ワタシハステキ」とノロケの電文に読み間違えそうになる。

明治十年（一八七七）の西南戦争では西郷軍の池辺十郎太が戦闘の合間に政府軍が敷設した電信線を馬上から刀で切断してまわったという。このため、谷干城少将とともに熊本城に籠城していた参謀少佐の児玉源太郎は、農夫に化けさせた伝令の着物の襟に暗号電文を縫い込んで政府軍陣地まで走らせたという。まさに、通信が指揮命令の命脈であることを知っていた児玉の奇略だったが、電信の民間利用は有事になると為替業務だけに限られるため郵便報知新聞の従軍記者として戦地に赴いた若き日の犬養毅は特別郵便で記事を東京に送っていたという。明治十五年（一八八二）に朝鮮で起きた「壬午の変」においても有事として民間利用は全て停止されたが、この電信技術は日露戦争においても利用され、電信で情報を送る日本軍の展開が速く、コサック騎兵の機先を制することができたと言われている。電信が早くから軍事に利用されていたことに驚くが、鉄道敷設とともども電信技術に対する日本人の知識欲が幸いした日露戦争の勝利ではないだろうか。

日露戦争に勝利したということで杉山茂丸から茶釜を贈られた児玉だが、あまりにも巨大な茶釜であったために持て余し、築地本願寺に寄贈したという。しかし、その茶釜も赤錆びて境内に放置され、見るに忍びなくなった杉山が「凱旋釜碑」として茶釜を埋めたのだという。凱旋釜碑にもその名が刻まれる杉山茂丸という人物の素性は著名ではないが、明治、大正の薩長藩閥政府を陰で操った人物といわれている。児玉源太郎が奉天会戦に臨む時、民間人でありながら現地の児玉の傍に立っている写真が残っており、児玉との人間関係が深いことが見てとれる。さらに、児玉源太郎が台湾総督の時、民政長官は後藤新平だったが、この後藤の処遇も杉山の画策であり、後藤新平の南満洲鉄道総裁就任も杉山の仕業と伝えられている。今でも多くの人に愛読されている怪奇小説『ドグラ・マグラ』の作者夢野久作の父が杉山茂丸だが、杉山の謎多き生涯はいまだ築地本願寺の「凱旋釜碑」ともども、土中に埋まったままである。

茶釜で思い出したが、日露戦争はアメリカの支援無くして勝利することはできなかった。その日米間の意思疎通は太平洋の海底に敷設されたケーブルによって繋がっていたが、実用化されたのは

凱旋釜碑　築地本願寺境内にあるが、看板も何も無いので誰も気づかない。「満洲軍総参謀長陸軍大将子爵児玉源太郎御寄進」と彫られている

日露開戦の半年前のことだった。この海底ケーブル敷設は横浜で製茶業を営んでいた大谷嘉兵衛の発案だったが、本来はお茶の輸出のための民生利用が軍事に転用されたものである。築地本願寺に大きな茶釜を埋めたという「凱旋釜碑」があることが不思議であり、その上、なぜ、戦勝記念が大きな茶釜なのか理解が及ばなかった。謎かけを得意とした杉山としては日露戦争勝利の陰に「製茶業の大谷」こと大谷嘉兵衛が居たことを「大きな茶釜」にかけて児玉源太郎に気付かせたかったのでは、などと謎解きを楽しんだのだった。

引き揚げ船となった海防艦

皇居に沿って走る地下鉄半蔵門線「九段下」駅を降り、長い長い上りエスカレーターを降りるとそこは靖国神社参道に連なる緩い坂道である。東京とはいえ周辺に高層ビルが群立していないので日常の九段近辺では人の波に翻弄されることはない。しかし、これが春ともなれば東京の桜の名所として近辺は大混雑となり、スムースな通行を求める警備員のラウドスピーカーの音が頭上に降りかかる。桜を見に来たのか混雑を見に来たのか区別がつかない中、さらに驚くのは靖国神社参道か

靖国神社参道　大村益次郎像、第一大鳥居を望む。桜の季節になれば屋台と立錐の余地も無いほどの人々で埋まる

ら境内に出張った屋台の数である。原色の幟を立てたイカ焼き、お好み焼き、たこ焼き、綿菓子、金魚すくい、射的、焼き鳥などの店がずらりと並んでいる。戦場において末期の水すら口にできずに死んでいった戦友を慰霊するために設けられた水のモニュメント周辺も臨時の花見席に早変わりして、浴びるほどビールを口にして人々が笑い興じている。この場面を見て不謹慎と思うか、平和と感じるかは訪れた人々が抱く価値観の相違と思うが、靖国神社は創建の頃からサーカスや相撲興行が行われ、東京都（市）民の憩いの場だった。先人の苦難の末の平和な光景、そう考えれば、この様相は「これでいいのだ」と思う。

演歌『九段の母』の歌詞にもある「空をつくよな大鳥居」を抜け、大村益次郎の銅像脇を通って拝殿へと向かう。手水舎で手、口を灌ぐのが礼儀だが、この作法を無視する人が多いのには首を傾げる。屋台の幟にも負けないほど派手な服装の兄ちゃん、姉ちゃんたちも多いが、ファッションは我慢するにしても一応、手ぐらいは水に晒して参拝して欲しいが身近にそんな作法を教える人もいないのだろう。と言いながら、高齢者といえども柄杓に直接口をつけて口を灌ぐ人がいるので「今時の若い者は」と言えないのが現実である。この季節、拝殿前は十人ほどが横一列になっての参拝となるが、次から次へと行列は途切れることはない。老いも若きも風に舞う桜の花びらを身に受けているが、「何、お願いしよっかなあ」と口にするお姉ちゃんに、ここはお願いする場所じゃない感謝の言葉を捧げる聖域だと突っ込みを入れたくなる。十年ほど前には無かった車椅子用のスロープが拝殿前に設けられ、参拝者の高齢化が進んでいることを如実に感じる。

靖国神社　パール博士の顕彰碑と「護国海防艦」碑

靖国神社は明治二年（一八六九）二月、長州の大村益次郎の発案で東京九段坂上に設けられた。創建当初は招魂社とも東京招魂社とも呼ばれていたが、明治十二年（一八七九）六月に別格官幣社靖国神社として名称変更している。大村は戊辰戦争で倒れた官軍の慰霊の場として考えていたようだが、二四六万余柱の中には倒幕戦争で賊軍扱いされた会津藩兵三十二柱も合祀されている。これは会津藩が京都守護の役目を担っていたときのものだというが、一般に靖国神社のイメージとしては、戦争で傷つき戦死した軍人のみを合祀していると思いがちである。だが、資料館ともいうべき「遊就館」を見学すればアメリカ軍の無差別爆撃によって命を落とした一般人も含まれ、原則、「貴賤の差別なく、国難に殉じた人々を祀る」となっている。そういう思想がなせるのか、日本人の死生観なのか、「遊就館」傍には軍用犬、軍馬、軍用伝書鳩の慰霊碑も建っている。他にもモニュメントともいうべきものが幾つもあるが、シーレーン防衛に活躍した海防艦碑もあった。この海防艦は父が乗っていただけに興味があるが、その碑のなかに海防艦「金輪《かなわ》」の名前を見つけたときには懐かしいものを見た気がした。父が持っていたアルバムに「金輪」の一葉があったのを記憶しているが、敗戦後、武装解除された後には復員船として朝鮮半島、フィリッピンを往復した艦だった。

たまたま、父が残していた備忘録があり、その中には、

・昭和二十年（一九四五）七月十日、鎮海（現在の韓国釜山の近く）にて台湾に向けての機関大修理。
・昭和二十年（一九四五）七月二十八日、修理完了、命令変更、済州島警備。
・昭和二十年（一九四五）八月十四日、無条件降伏受電。
・昭和二十年（一九四五）八月十九日、博多港入港。復員者下艦、秘文書焼却。
・昭和二十年（一九四五）八月二十日、博多港出港、（長崎県）五島沖にて爆雷降下。
・昭和二十年（一九四五）八月二十一日、（長崎県）佐世保港入港。
・昭和二十年（一九四五）九月十日、退艦す。

と記され、当時の敗戦前後の事が記してあった。

日本国民は八月十五日正午の天皇陛下の玉音放送で日本の敗戦を知ったが、海防艦では八月十四日に無条件降伏を知っており、その後、秘密文書を焼却したり、爆雷を投棄したりと、慌ただしい。

さらに、故郷に復員して間も無く、再度、艦に戻れという電報文と思しき文面が備忘録に記されていた。

「號外
昭和二十年九月二十四日
金輪海防艦長
元金輪乗組
浦辺　久米男　殿
解員者復帰艦ノ件通知
本艦内地ヒリツピン間復員者輸送任務ヲ命ゼラル特別ノ事情ナキ限リ大至急復帰艦サレ度
一、出港予定期日　十月初旬頃
一、本艦所在地　川棚小串湾　小串駅ニテ下車方便利ナリ」
＊ヒリツピン（フィリッピンのこと）
＊川棚小串湾（山口県山陰本線沿い）

九月二十四日付の通知を受け取ったのは十月一日とあり、翌々日には乗艦して十月十二日にはフィリッピンのダバオに向けて出航とある。戦争が終わって故郷に帰りつき、厳しかった訓練、騒々しい日々から解放されているところに再度の召集をかけられ、父はいかような気持だったろうか。復員船となった海防艦の乗組員として向かったフィリッピンの港では乞食の集団がたむろしていたというが、よくよく見ると友軍ともいうべき旧日本陸軍の兵隊たちだったという。艦から縄梯子を岸壁に投げおろすと我先にと兵隊たちが甲板に這い上がってきたというが、この話を聞いた時、まるで、芥川龍之介の『蜘蛛の糸』に描かれた地獄の亡者たちが一本の糸をめぐって先を争う様を想像した。これで日本に帰れる、これで故国に帰還できる、そういう強い思いが叶った安堵感からか、甲板にへたり込んだ途端にあっけなく死んでしまう兵隊もいたという。日本を出航する前、艦に白木の棺が積み込まれているのが不思議で仕方無かったそうだが、航海の途中で命を落とす兵隊がいることを想定しての手回しの良さに感心したという。しかしながら、南方海域ゆえに死体の腐敗が早く、しかたなく水葬にするしかなかったという。復員船に乗り込んだ途端に落命する憐れな兵隊がいるかと思えば、復員船に乗ることを拒む兵隊もいたという。被差別部落出身の兵隊で故国に帰還しても差別を受けるだけだから、大事に扱ってくれるフィリッピンに残ると言って艦に乗らなかった者がいたという。

最終的に昭和二十一年（一九四六）一月十日に任務を終了して父は退艦しているが、このとき、佐世保軍港の岸壁で海軍予備学生三人が茫然として座り込んでいたという。復員切符は持っているものの、どうやって東京まで帰ってよいやら困惑しているということで、「これだけあれば、三人とも東京まで帰れるだろう」と言って、退艦の際に支給された米が詰まったトランクを与えたという。

なぜ、海防艦の碑が靖国神社にと思ったが、復員途中に亡くなった兵隊たちの慰霊、帰国を拒んだ戦友たちの望郷の思いを忘れないために艦のモニュメントがあるのだろう。

海防艦の碑の横には、極東国際軍事裁判（東京裁判）で日本の無罪を主張したインドのパール判事の顕彰碑も立っている。極東国際軍事裁判は勝者の裁判とも報復裁判ともいわれるが、後付けの罪名で裁判は進められ刑が確定していった。この裁判自体のあり方や進め方、判決内容に意見書を提出したのがインド選出のパール判事だった。

時が熱狂と偏見とを　やわらげた暁には
また理性が虚偽から　その仮面を剝ぎとった暁には
その時こそ正義の女神は　その秤を平衡に保ちながら
過去の賞罰の多くに　そのところを変えることを　要求するであろう

ラダ・ビノード・パール

アジアやアフリカ諸国を侵略し、何世紀にもわたって植民地として収奪し続けたのがGHQの根幹をなす欧米列強だが、その欧米諸国は日本を侵略国家として裁くことで自身の過去の罪を消し去ることができたのだった。その東京裁判で唯一、文官として絞首刑になったのが総理大臣、外務大臣を歴任した広田弘毅だが、この広田は頭山満率いる玄洋社の社員でもあった。玄洋社は孫文の辛亥革命、インド独立の闘志ビハリ・ボース、フィリッピンのアギナルド将軍の独立運動を支援したが、欧米諸国からすれば植民地解放を押し進めた目の上のタンコブが玄洋社である。文官の広田弘毅に対する極刑は、玄洋社が二度と欧米の国益を侵害しないようにとの生け贄ではなかったかと考える。

日本という国家、陸海軍がとった行動すべてが正しかったとは思わない。戦争を回避できなかった責任、日本が周辺諸国を紛争に巻き込んだことを否定はしないが、過去の歴史に未来の姿を見るように歴史の事実と背景を問い直し、欧米の虚偽は虚偽として真実を明らかにしても良いのではと、海防艦碑を目にして考えていた。

第四章

近代と大陸および半島への関与

東亜同文書院のはじまり

明治十四年（一八八二）二月、福岡に玄洋社《げんようしゃ》という自由民権運動団体が興った。その資料を読んでいるとき、日清戦争に軍属として従軍し清国兵に処刑された山崎羔三郎《こうざぶろう》たち三人を顕彰する「殉節三烈士」碑が泉岳寺にあるとも記されていた。三烈士の一人である山崎羔三郎が玄洋社の社員であったことから分かったのだが、山崎も学んだという日清貿易研究所の創設者荒尾精《あらおせい》と玄洋社とは物心両面においても関係が深いと記されている。戦前、上海にあった東亜同文書院《とうあどうぶんしょいん》という大学の前進が日清貿易研究所とのことだが、この東亜同文書院については二十代の頃に通った中国語教室の講師が日中の懸け橋となる人材を輩出する学校であったと教えてくれ、戦前の首相近衛文麿《このえふみまろ》も院長を務めたことがあるとのことだったが、初めて耳にした学校だった。

その東亜同文書院の前身である日清貿易研究所は荒尾精《あらおせい》によって明治二十三年（一八九〇）九月、上海に創設されている。日本と清国（中国）との間で貿易を盛んにし、日清の懸け橋となる人材を養成することを目的としており、卒業生は清国（中国）に帰化することで清国の発展に貢献するようにと教育されていた。欧米に蚕食されるままの清国を再興するには産業を興し、日清双方が提携して欧米勢力をアジアから駆逐することを目論んでいたのだが、共通の理念を持つ玄洋社の初代社長平岡浩太郎は日清貿易研究所に資金援助をするほどだった。しかしながら、創設者の荒尾が陸軍の情報将校出身であったこと、退役陸軍将校の根津一《ねづはじめ》が荒尾を支援し、学校創設のために陸軍予算を都合してもらうように交渉したことから支那占領主義者の一団という誤解を招いたのも確かだった。

日清貿易研究所の卒業生たちは辮髪《べんぱつ》にシナ（中国）服を身にまとい、複雑多岐な中国語、商取引、風俗習慣に至るまで熟達し、中国人よりも中国人らしいと言われている。残されている山崎羔三郎の写真を見ると、確かにシナ服にシナの帽子をかぶっており、日清戦争での生き残りといわれる同窓生の向野堅一《こうのけんいち》の晩年の写真においてもシナ服を身に纏っていて、その堂々たる姿は中国の大人を彷彿とさせる。

東亜同文書院では日清貿易研究所時代と同じく中国語の習得に力が入れられていたが、上級生と下級生とがペアになって中国語の四声《しせい》（四音とも）の練習が行なわれている。校舎の屋上での発音練習は上海の名物となり、中国語を懸命に練習する風景は「書院カラスが鳴いている」と中国人の笑いの的だったという。中国語における四声は「ア」の発音ひとつをとってみても「アー」「アーァ」「アーア」「アッ」と四種類の抑揚があり、複雑な発音をマスターすることから中国語学習は始まる。発音練習を繰り返す新入生たちの舌は麻痺し、顎はガクガクになっていたのではないだろうか。

さらに、いまや中国語といえば北京語（普通話）を指すようになったが、当時の清国（中国）では北の北京語、南の広東語に代表されるように同じ漢字を使っても南北で発音が異なり、加えて、地域ごと、民族ごとに複雑な言語とも方言とも言えるものが存在していた。

チベット、ウイグルでの民族紛争に代表されるように中国大陸には多種多様な民族が住んでいるが、主たる漢民族の他に概略左記のようになる。

・蒙古族　・回族　・苗族　・壮族　・布依族　・朝鮮族　・満（洲）族　・白族

・土家族　・水族　・高山族　・土族　・京族　・蔵族　・納西族　・布朗族

などだが、およそ、五十五の民族からなる多民族国家が中国である。

それでも、これら複雑な民族が意志の疎通を図ることができたのは漢字が仲介していたからだが、古の日本でも中国や朝鮮の官人とは筆談でコミュニケーションを図っており、その図式がアジア全体にあったということになる。現在のベトナムではフランス植民地時代の名残で中国語の発音をアルファベットに置き換えて使用しているが、共産中国においても教育制度改革の過程において庶民に文字を普及させることを目的にした簡体文字という漢字を用いての意思疎通を図っている。

ともあれ、日清戦争が勃発した際、日清貿易研究所の卒業生が軍事探偵や通訳官として徴用されるのは大陸の複雑な言語と異民族の風俗を熟知していたからだが、この軍事探偵であったことを引き合いにして後の東亜同文書院がスパイ養成学校と誤解されるのは残念としか言いようがない。

日清貿易研究所が創設される以前、荒尾精は岸田吟香が上海に開いていた楽善堂（薬善堂と記されるものも）というクスリ、書籍、雑貨を販売する店の漢口支店員として中国全土を踏査していた。岸田吟香は若き日、横浜で医師のヘボン（James Curtis Hepburn）が和英辞書を編纂するのを手伝ったことから、ヘボン直伝の目薬「精錡水《せいきすい》」の調合方法を譲り渡され、これが評判を呼んで財を成した人物である。ヘボンが編纂する和英辞書印刷の手伝いのために上海に渡り、後には「東京日日新聞」（現在の毎日新聞）の記者として台湾出兵に従軍するなど中国語の語学力を生かした記事が評判を呼んでいるが、この中国との関わりが吟香に大陸問題への深い関心を向けさせることになった。

欧米に侵略され続けるアジアを守るには支那（中国）の領土を保全しなければ日本を含むアジアの安定は無いと主張する荒尾を支持し、「支那領土保全」の思想を実行する手段としての日清貿易研究所設立に協力を惜しまなかった。日本の青年を清国に帰化させ日清間の経済交流を図り、清国の文明開化を推進しようと考えていた荒尾だが、明治二十九年（一八九六）、惜しいことに台湾においてペストに罹って亡くなってしまった。

しかし、明治三十四年（一九〇一）、日清貿易研究所は東亜同文書院として発展的に生まれ変わり、その東亜同文書院の初代、三代目の院長には「殉節三烈士碑」を建てた根津一が就任し、病に倒れた盟友荒尾精の衣鉢を継ぐことになる。

その東亜同文書院の歴代の院長（大学変更後は学長）を記すと左記のとおりになる。

初代、第三代	根津一
第二代	杉浦重剛
第四代	大津麟平
第五代	近衛文麿
第六代、初代学長	大内暢三
第七代、第二代学長	矢田七太郎
第八代、第三代学長	本間喜一

日本の敗戦にともなって上海にあった東亜同文書院は愛知県豊橋市に移転し、校名を愛知大学に変更して現在に至っている。この愛知大学には「東亜同文書院大学記念センター」が併設され、ここに日清貿易研究所卒業生である向野堅一の『向野堅一《こうのけんいち》従軍日記』も残されているという。泉岳寺の寺男が教えてくれた日清戦争生き残りの向野堅一の記録だが、先年、出身地の福岡県直方市には向野堅一顕彰会によって「向野堅一記念館」が設けられた。資料によると向野堅一の先妻、後妻（先妻であった姉が早くに病没したため妹が後妻となった）はともに大分県日田にあった咸宜園《かんぎえん》の廣瀬淡窓《ひろせたんそう》の末裔である。この咸宜園には日本全国から漢学の基礎を学ぶ優秀な学生が集まったといわれ、その代表的な塾生としては奥州の高野長英、長州の大村益次郎《おおむらますじろう》がいるが、大村は横浜の医師ヘボンから英語と医学も学んでいる。

白山神社と辛亥革命

白山神社という小さな社が東京文京区の白山にある。大小の丘が連なるこの界隈は複雑な路地が入り組んでいるが、地図で見るのと実際に歩くのでは趣はがらりと変化する。合理性を追求した平面図からは読みとれない起伏に富んだ街並みからひょっこりと登場するのが白山神社である。

《吹く風を勿来《なこそ》の関と思えども、道も狭《せ》に散る山桜花》

これは、前九年の役（一〇五一）において源義家が勿来の関（現在の福島県いわき市）で詠んだ歌だが、この前九年の役に続く延久二年（一〇七〇）にも源義家は奥州征伐に出向いている。二度目の出陣にあたって義家はこの白山神社の桜の木に源氏の象徴である白旗を結わえ、尚武の神であり、源氏の守護神である石清水八幡宮に戦勝を祈願したという。もともと、白山神社の祭神は菊理姫《くくりひめ》神という縁結びの神様なのだが、義家が白山神社を借用したのは、将兵を集めるのに適当な場所がなかったからなのではと想像する。

白山神社は平安時代中期の天暦年間（九四七〜九五七）、現在の石川県にある加賀一宮白山神社を勧請したものといわれ、創建当初は現在の文京区本郷一丁目付近にあったという。理由は不明ながらも元和年間（一六一五〜一六二四）頃に二代将軍秀忠の命で現在の小石川植物園に移され、さらに、将軍職就任前の綱吉の依頼で明暦元年（一六五五）に現在の文京区白山に移ったと記録に残っている。泉岳寺が寛永十八年（一六四一）の「寛永の大火」で外桜田から高輪に移転したように江戸の町では大火事の度に神社仏閣、大名屋敷があっちこっちとジグソーパズルのように火除け地を求めて移転を繰り返している。明暦三年（一六五七）にも「明暦の大火」と呼ばれる大火事が起き、江戸城本丸が焼失するほど江戸は火事が多かった。それでも、白山神社は綱吉の願いをかなえたことで綱吉の生母桂昌院の庇護を受けることになり、神社にとって大火事は思わぬ御利益となって返ってきている。

現在、この白山神社に行くには都営地下鉄三田線「白山駅」で降りるのが便利である。地下鉄出口に隣接する小さな児童公園の角を曲がると、そこはもう、神社の参道となっていて、下っては上る湾曲した坂道の前方に神社を示す鳥居が目に入る。迷うことなく白山神社へと到達するが、石段を上って鳥居を潜り、一歩境内に足を踏み入れると、まさに都会の神社である。住宅が密集する中に大小のビルが群立し、それだけではなく、境内は所狭しと月極め駐車の車両が停まっている。神社を維持するための駐車場経営なのだろうが、文京区のホームページでは梅雨時の鮮やかなアジサイに囲まれた神社の石段が現れ、下町風情を感じさせるものだっただけに境内の駐車場には肩すかしを食らった気分だった。

さらには、手水舎で手や口を濯ぎ、いざ参拝しようと古びた拝殿の全体を見まわしたとき、背後

白山神社拝殿　背後には東洋大学の校舎、手前には月極め駐車場

白山神社　「孫文先生座石」碑　あっけない対面に拍子抜けする

には聳えんばかりの東洋大学の高層校舎が迫っていた。泉岳寺の赤穂浪士の墓所だけではなく白山神社も都会の窮屈な思いの中にあることを実感したものだった。

そもそも、この神社を訪れた目的は、日本に亡命中の孫文《そんぶん》と孫文の中国革命を支援する宮崎滔天《とうてん》とが並んで座った石段が保存されているということからだった。孫文という革命家、宮崎滔天という志士がこの地に滞在していた証として地の気を感じてみたかったのである。

平安時代からの歴史と大都会の実情が混濁した境内を見回してみると、つい今しがた潜ったばかりの鳥居の左手に目的の石段はあった。孫文と滔天とが並んで座ったという石段は彫刻のオブジェの如く展示され、背後には「孫文先生座石」と題した碑が立っている。現在の中国共産党からは「革命の父」とも「中国革命の先駆者」とも呼ばれ、台湾国民党からは「国父」と呼ばれる孫文だが、その孫文が日本に亡命していたという事実がここにあったのである。歴史を政治問題化し、尖閣諸島の領有権では台湾までもが加わって対立する日中、日台関係だが、現代中国の基礎を作った孫文が日本に亡命していたこと、その孫文を日本人志士が支援していたことを中国共産党、台湾国民党の首脳陣は知っているのだろうか、などとも訝った。歴史に「もし」は禁物だが、当時の革命家や日本の志士たちが生きていたならば対立する日中、日台の諸問題をどのように解決するのだろうかと石段を見ながら考えをめぐらした。

歴史教科書にも登場する孫文は一八六六年（慶応二）十一月十二日に現在の中国広東省の香山県（現在の中山市）の農家に生まれた。十三歳のとき、ハワイに移住して成功していた長兄（孫眉）の招きを受け、現地で欧米流の学校教育を受けているが、ここで世界の広さを知ると同時に世界秩序が欧米の覇権主義によって形づくられていることを知る。同時に真実を求める知識欲はキリスト教信仰の世界にまで及んでしまい、伝統的な中国の習俗を尊ぶ長兄の怒りを買い、孫文は広東へと送り返されてしまう。再び故郷に帰って鍬を振っていた孫文を見て、その才能を村人が惜しみ、広東の医学校に進むように勧めたという。医学校を経て後、さらに香港の英国系医学校で五年間修学し、一八九二年（明治二十五）には香港で医院を開業している。孫文は中国の伝統医術と欧米の先進的な医学を施し、貧しい人々からは治療費を取らなかったことから金銭感覚に優れた他の医者たちの妬みを受け、それを嫌って孫文は再びハワイへと移住している。ここまでの孫文の生き方を見ると、後の革命家としての執拗なまでの生きざまはどこから湧き上がってきたのか、理解が及ばない。

明治二十七年（一八九四）八月、日清戦争勃発を耳にした孫文は同年十一月、ハワイに「興中会」を旗揚げした。華僑で結成された「興中会」は会員数約一三〇人、その七割が商人であった。会員は漢民族で構成され、清朝の支配者である満洲族を「韃虜《だつりょ》」と呼んで卑下し、漢民族の政府樹立を目的とする秘密結社だった。現在も複雑な異民族によって構成される中国だが、この当時の清国（中国）は六千万人の満洲族が四億人の漢民族を支配するという国だった。北方の騎馬民族であった満洲族の侵入を許し、何世紀にも渡って支配されてきた漢民族は満洲族の風俗を強制され、それは辮髪（頭頂から頭髪を長く結うこと）や胡服（シナ服）という独特の民族衣装を身につけることにまで及んでいた。中国といえば華やかなチャイナドレスを想像するが、左右に大きなスリットが入った女性の衣装も騎馬民族であった満洲族が馬に乗りやすいように工夫したものである。風俗習慣にまで異民族支配を受けた漢民族としてはイギリスの蚕食を放置し、政治改革を行なわない満洲族の清朝を倒壊させ、漢民族による政府樹立を目論むのも自然の理であった。孫文にとって、日本と清国が戦争を始めたことは満洲族の政府を打倒し、漢民族主導の国家を樹てる絶好の機会でもあったが、ハワイにおける「興中会」旗揚げは辛亥革命の幕開けでもあった。

現在も中国共産党と台湾国民党とに分かれ、表面的には主義主張によって対立しているものの、水面下では出身地や親族、姻族による結びつきがある。中国共産党と台湾国民党の両者に気を配る日本とは異なり、華僑の間では毛沢東も蒋介石も仲良く同列に扱われ、さらに、その両者の上に孫文が君臨している。対立する二者を統一することのできる孫文の存在に驚くと同時に、革命の過程で孫文が何度も日本に亡命していた事実は俄かに信じられなかった。その足跡を確かめるには孫文関係の書籍を読み、関係者の証言を追うしかないと思ったが、その確認行動の一つが「孫文先生座石」がある白山神社を訪ねることだった。

「孫文先生座石」という目的の史跡に出会えたことに興奮してしまうが、クリスチャンの孫文、棄教したとはいえキリスト教の洗礼を受けたことのある宮崎滔天は拝殿に頭を垂れたのだろうか。「孫文先生座石」碑建立にあたっては滔天の子息である宮崎龍介を総代会に招いて石段設置の承諾を得たと案内文に記されているが、孫文と一つ屋根の下で暮らした龍介にとって懐かしい思い出が甦ったのではないだろうか。その碑の裏面には同じ町内ということで衆議員議員の鳩山邦夫氏（元総務大臣）が建立発起人に名前を連ねているが、鳩山邦夫氏の秘書の方が言うには「孫文先生座石」についての意義は十分に承知しているとのことだった。孫文を支援し、宮崎滔天とも関係が深かった政治結社玄洋社には鳩山邦夫氏の曽祖父である寺田栄が所属していたが、辛亥革命が現代にも受け継がれていることを確信できるものだった。

革命蜂起に失敗するたびに日本に亡命してきた孫文だが、この石段に座っていた時、孫文は滔天の寓居にころがりこんでいた。浪人を自認する滔天に安定収入はなく、家賃の支払いにも苦慮する生活ぶりで、追われるように点々と住まいを移していたという。小石川植物園傍の複雑な路地の住まいに孫文もころがりこんでいたわけだが、人の出入りが多いホテルや旅館よりも本郷界隈の入り組んだ迷路の方が、孫文の命を狙う刺客や日本の官憲の目をごまかすには適していたのではないだろうか。清国の刺客は同志を語らって孫文を訪ね、お茶に毒を盛って暗殺を謀ったこともあったという。知らずに飲んだ孫文が苦しみだしたのを見て近くに居合わせた頭山満が助けるという一幕もあり、緊迫した亡命生活のなか、滔天とともに夜陰に紛れて白山神社に至り、外の空気を吸いながら孫文は何を思っていたのだろうか。英語が分かるという滔天とチャイニーズ・イングリッシュで交わす革命談義の時間が、孫文にとって、唯一、心安らぐ時間だったのではと思う。

Last Month China Japan fight all right. Yes now finish. Japan king say, I spend money so and so. China king say, I am poor, can not pay money. Japan king say, then I will take Taiwan. China king say, all right! all right! You take Taiwan. You and me brother, no like more fight. Japan king say, all right! all right! I will stop fight. Yes all finish, now finish!

これは、滔天が自身の著作である『三十三年の夢』に書き残した日清戦争講和についてのチャイニーズ・イングリッシュである。滔天は孫文や革命軍の人々と筆談の他にどのようにして意思疎通を図っていたのだろうかと疑問だったが、これを読んで十分にコミュニケーションの用を成していることに感心したものだった。

以前、香港から来た中国人女性と筆談を交えながら日中関係について話をしたことがある。そのなかで、孫文は日本に亡命したのではなく留学したと学校で教わったとこの女性は主張する。日本への亡命だと反論すると怪訝そうな顔をされたのが印象に残っているが、片言の英語では満足に用をなさなかったのだろうか。

一九一一年（明治四十四）十月十日、中華民国臨時政府が樹てられ、ここに辛亥革命と呼ばれる中国革命が成就するが、建国の過程において孫文が日本に亡命していたという事実は面子を重んじる中国人にとって、何か問題があるのだろうか。中国革命の史跡ともいうべき白山神社の「孫文先生座石」が注目を集めないのは不思議に思えて仕方がないが、建国の父孫文が日本に亡命していたことを認めたくないのだろうか。

とはいえ、日本人すらも隣国における孫文の革命については入試問題でしか知らず、それを支援した日本人志士たちが居たことなど考えも及ばないが、孫文と滔天に対して白山神社の縁結びの菊《くく》理姫神《りひめ》、尚武の石清水八幡宮神のいずれがほほ笑んだのかは分からない。

「壬午の変」の「守命供時」碑

木母寺（東京墨田区堤通）は能楽や歌舞伎の演目である『隅田川』発祥の地である。ここにはどういう経緯からか、「壬午《じんご》の変」の慰霊碑がある。

「壬午の変」は明治十五年（一八八二）七月二十三日、朝鮮の日本公使館が暴徒化した朝鮮軍兵士に襲撃され、堀本礼造中尉以下七名が殺害され、花房義質《はなぶさよしかた》公使以下二十八人が遭難するという事件だった。事件が発生した年が干支の十二支十干でいうところの「壬午」の年であったことから「壬午の変」と呼ばれている。

韓国の俳優ペ・ヨンジュンさん主演のテレビドラマが放送されたことで日本に「韓流ブーム」が巻き起こったが、それでも、領土や植民地支配、慰安婦、靖国合祀など、日韓関係が円滑な外交を展開しているとは言いがたい。江戸時代、制限はあったものの、日朝の間には友好関係が築かれていたが、その両国に亀裂が走ったのは、やはり、欧米列強のアジア侵略からである。新しい商品市場を求めてイギリスは清国（中国）にアヘン戦争をしかけ、ロシアは南下政策によって朝鮮、清国の支配を虎視眈々と狙っていた。さらに、その間隙を縫ってフランスやアメリカは朝鮮に砲艦を差し向けての開国を迫っていたが、その騒乱の最中、アメリカのペリー艦隊の大砲に怯えて日本は開国を決断してしまった。

明治八年（一八七五）、日本の軍艦「雲揚号」は朝鮮半島西岸にある江華島に接近し、ここで朝鮮軍と砲火を交えた。いわゆる江華島事件だが、この事件の背景にはアヘン戦争にも従軍したことがあるイギリス公使ハリー・パークスの日本に対する強い圧力が働いた結果だった。パークスは江華島事件が発生する以前、明治四年（一八七一）に日本と清国との間を仲介し相互に関税自主権、治外法権を認め合う日清修好条規を締結させたが、明治政府は清国が属国と主張する朝鮮との条約締

木母寺の「守命供時」碑　寺域外の道路に面しているために容易には見つけられない

結にまでは至らなかった。明治五年（一八七二）、パークスはロシアの南下政策を防ぐため、修好条規締結（国交再開）を拒む朝鮮を武力に訴えてでも開国させるように明治政府に強く要求してきたのだった。

イギリスのアジア支配強化の過程から江華島事件が起きたのだが、この事件を契機に明治九年（一八七六）二月二十六日、日朝修好条規（江華島条約）が締結され、ここに日本と朝鮮との国交が回復することになる。この条約締結の年の五月、朝鮮から第一回修信使が視察団として来日しているが、この使節団の中には、明治十七年（一八八四）の甲申事変で日本に亡命した朴泳孝、金玉均も加わっている。彼らは東夷（儒教でいうところの文化程度の低い国）と思っていた日本の文明開化が急速に進んでいることに大変驚き、とりわけ、横浜から新橋まで乗車した汽車には「案内された部屋が突如動き出した」としてその驚愕ぶりは尋常でなかったという。

維新後の日本が急速な発展を遂げていることに注目した使節団は朝鮮においても文明開化を進めなければならないと考え、政治権力を掌握していた国王の妃である閔妃一族の官僚たちと近代化を推進していくことになった。その改革項目のなかに遅れた朝鮮軍の近代化も入っていたが、その軍隊の指導教官として赴いたのが陸軍工兵中尉の堀本礼造たちだった。軍事訓練は従来の朝鮮軍とは別に創設されていたが、このとき、閔氏一族の閔謙鎬が兵隊への給与である米の支払いを十一ヶ月も先延ばしにし、さらには、ゴミが混じる不良品の米を支給するという横領を働いたことから暴動が起きたのだった。訓練を受けていたおよそ五千人の兵隊たちは給与の遅配と不良品に不満を抱き、国王の父である大院君に直訴したことから騒乱事件に発展している。もともと大院君は西洋を夷敵として見ており、その西洋の軍事訓練を施す日本も同列の敵と判断していたことから、軍を決起させることによって閔氏一族から権力を奪い、自身が主導する政策を行なおうとしたのだった。

大院君からすれば閔氏一族と結託する日本は夷敵であり、その公使館は攻撃目標であった。暴徒化した朝鮮軍は堀本礼造中尉以下七名を斬殺し、公使の花房義質たち二十八名は騒ぎの中、ソウルから仁川に逃れ、仁川港に停泊していたイギリス船によって七月三十日に長崎に逃れることができた。この朝鮮政府内部の政治闘争は「壬午の変」として日朝の歴史に刻まれることになったが、その「壬午の変」で犠牲となった日本人を慰霊する碑が木母寺の「守命供時」碑である。

この「守命供時」碑だが、敷地の外の道路に面したところにあった。寺の境内にあると思って探したが、見つからず、寺の住職の案内で場所が分かった次第だったが、「守命供時」碑は日露戦役出征者、関東大震災犠牲者の碑と一緒に並んでいた。アメリカ軍の無差別爆撃で碑面が欠けて赤茶色に焼けただれ、文字も判別しづらいものだったが、「なぜ、当寺に碑があるのかは分かりません」と言いながらも住職が親切にも記録されている碑文書類をコピーしてくださり、その内容を判読することができたのだった。

『守命供時』の碑文を意訳すると、

「明治十五年七月　朝鮮の変　堀本中尉等十四人害される。当時、同じく難に遭って幸いにも免れる者二十六人　すなわち　相謀り碑を建て　永く感愴之念を寓せんとす」

・漢城遭害七人

堀本禮造　岡内恪　池田平之進　川上堅輔　池田為喜　本田親友　黒澤盛信

＊池田平之進　川上堅輔　池田為喜　本田親友　の四名の箇所は米軍の無差別爆撃による爆弾の破片が当たって欠損している。

・仁川遭害七人

水島義　廣戸昌克　遠矢庄八郎　宮鋼太郎　近藤道堅　鈴木金太郎　飯塚玉吉

・建立した生存者

花房義質　武内尚　近藤真鋤　樋口将一郎　水野勝毅　曽庸輔　佐川晃　川上立一郎

松岡利治　横山貞夫　杉村濬　高尾謙三　千原秀三郎　鈴木利作　石幡貞　楓玄哲

浅山顯蔵　五十嵐恵吉　久水三郎　中村卯作　大庭永成　今西美正　岡兵一

宇野助右衛門　宮代志津三郎　奥山錫

この「壬午の変」碑の犠牲者と生存者を確認すると、殺害された者は仁川で遭難した者を含めて十四名、生存した者が二十六名となる。文書として残っている資料と異なる部分があるが、電信線が敷設されていたとはいえ速報でもたらされた内容が誤って伝わったのかもしれない。石に刻まれた記録の方が正しいのではと思うが、高さ三メートル弱、幅一メートル余りの石碑の中に近藤真鋤

木母寺　「守命供時」碑裏面　米軍の無差別爆撃で戦禍に遭い表面は焼けただれている

の名前があることに感嘆の声をあげた。「壬午の変」に続いて明治十七年（一八八四）には甲申事変が起きたが、花房義質とともに朝鮮や清国との外交交渉に臨んだ外交官である。花房義質は緒方洪庵の適塾で学んだ医者だが、近藤真鋤も幕末には尊皇攘夷派公卿の侍医を務めたこともある人物である。「壬午の変」で遭難しているだけに、さぞかし、甲申事変での交渉テーブルでは激しい言葉が飛び交ったのではないだろうか。

木母寺の「守命供時」碑からは大国の覇権主義の狭間で翻弄され続けた日韓の姿が浮き彫りになるが、いまだその状態は変わらず、相互の信頼関係構築にまで至っていない。互いに理解し、尊敬しあう間柄になるのはいつだろうか。

日韓関係を象徴する金玉均《きんぎょくきん》の墓所

真浄寺という小さな寺が東京文京区向丘にある。東京メトロ南北線「本駒込」駅を降り、本郷通りから少しばかり脇道に入ったお寺が密集したところにある。直線距離にすると「孫文先生座石」がある白山神社からさほど遠くは無いが、「向丘」と地名にあるように本郷界隈は大小の丘に阻まれ路地が入り組んでおり、地理に不慣れな場合は目的地近くまで地下鉄を利用した方が便利である。

真浄寺　金玉均の墓

その向丘地区は各宗派の寺院が密集しているものの、観光名所の浅草寺のような混雑もなく、通りから路地に入るだけで落ち着いた静寂に包まれる。

この向丘の真浄寺を訪ねたのは、青山霊園の外国人墓地に眠る金玉均《きんぎょくきん》の墓がここにもあるからだった。金玉均といっても多くの日本人の記憶にはないが、一八八四年（明治十七）十二月に朝鮮で起きた甲申事変というクーデターに失敗し、日本に亡命してきた朝鮮開化党の幹部である。清国（中国）からは属国として扱われ、ロシア、イギリスなどからは植民地として狙われる朝鮮を日本のように文明開化でもって守り抜きたいと考えていたのが金玉均だった。そのきっかけは中華思想では下位に属すると思っていた日本を訪れた際、維新にともない開国し、西洋文明を取り入れたことで発展している東京の姿に驚いたからだった。

クーデターに失敗し、亡命者として金玉均は十年近くを日本で過ごしたが、清国の宰相李鴻章との会談のために上海に出向き、その宿泊先のホテルで朝鮮事大党の洪鐘宇に暗殺されている。射殺された金玉均の遺体は清国の軍艦で朝鮮に送られ、衆人の目前で切り刻まれるという処罰を受けているが、朝鮮の偽政者からみれば国家を混乱に陥れ、洋夷（西洋文化にかぶれた奴）となった日本の手先金玉均という理由からだった。

その金玉均の墓が何故に日本にあるかといえば、甲斐軍治《かいぐんじ》という人物が切り刻まれた金玉均の遺体から遺髪と服地をひそかに日本に持ち帰ってきたことにある。甲斐軍治という人については人物像が詳細に分からず、上海から金玉均の遺体を追いかけていたとも、偶然にも金玉均の処刑を見かけ、夜陰に紛れて髪と服地を持ち帰った人物ともいわれている。

いずれにしても、この甲斐軍治によって持ち帰られた金玉均の髪と服地を遺品として浅草の東本願寺（現在の東京本願寺）で葬儀が執り行われ、親交があった宮崎滔天たち志士の参加者は一千人を超えたと伝えられている。この時、真浄寺とは別に犬養毅、頭山満によって青山霊園外人墓地にも金玉均の墓所が設けられている。

この金玉均は一八八四年（明治十七）の甲申事変以後、日本国内でおよそ十年間もの亡命生活を送ったが、その間、小笠原諸島の父島、北海道の函館と居を移しながらの落ち着きの無い亡命生活を送っている。朝鮮は属国であると主張する清国との外交関係悪化を懸念して日本政府が問題の表面化を恐れたためだが、それでも、この金玉均は亡命者という身分でありながら茶屋遊びをするという豪胆さも見せている。この金玉均の遊興を「志士にあるまじき行為」と宮崎滔天が難詰すると、敵の目を晦ますために大石内蔵助が京都の祇園で遊びに興じた話を持ち出し、『忠臣蔵』を知らないのかと逆に切り返すほど日本の文物にも詳しかった。この忠臣蔵になぞらえたエピソードに触れた時、もしかしたら、敵陣ともいえる上海に金玉均が出向いたのは、李鴻章を吉良上野介に見立てての仇討行動だったのではと思えてならない。上海行きを強く押しとどめた頭山満から三条小鍛冶いだろうか。

の短刀を金玉均が奪っていったのも、浅野内匠頭の如く李鴻章に一太刀浴びせたかったからではな

真浄寺の庫裏に廻ると、金玉均の遺体から遺髪、服地を密かに日本に持ち帰ったという甲斐軍治の墓が目に付いた。真浄寺を訪ねたのは秋のお彼岸の頃だったが、真っ赤な彼岸花に囲まれ、灰色の墓石に囲まれた中で、そこだけが存在を主張するかのような雰囲気を醸し出している。狭い通路を進むと「甲斐軍治」の墓は目につくが、肝心の金玉均の墓がない。しかし、「明治二十七年三月二十八日薨去　於　清国上海客舎」と碑の側面に彫られた文字が目に付き、それが金玉均の墓だった。明治四十二年（一九〇九）、伊藤博文が朝鮮人の安重根に暗殺されてからというもの日本国内で行商をしている罪の無い朝鮮人までもが仇討の対象となったが、この金玉均の墓も日本人の鬱憤晴らしにならないようにと密かに場所を変えられたのだという。

なぜ、この真浄寺に金玉均の墓があるのかはわからないが、この寺が浄土真宗大谷派（東本願寺）であったことと関係があるのかもしれない。金玉均は朝鮮の官僚にしては珍しく仏教徒であったが、儒教を信奉する朝鮮王の父大院君は仏教を弾圧し、それを庇護していたのが金玉均だった。金玉均の庇護下にあった李東仁という仏教僧は明治十年（一八七七）に釜山にあった東本願寺の別院に出入りし、日本の仏教関係者と親交を深めていたといわれる。金玉均の葬儀は真浄寺ではなく浅草本願寺（東本願寺系）で行なわれたが、仏教徒というだけではなく、真浄寺では千人近くの参列者を収容できなかったからだろう。

真浄寺は東洋大学の前身である哲学館があった場所といわれる。第十二代東洋大学学長の高嶋米

峰の墓所もここにあり、慶応義塾大学創立者である福沢諭吉も金玉均に支援の手を差し伸べていたが、その福沢とも真浄寺は関係が深いという。青山霊園の金玉均の墓所も立派だが、この金玉均の墓所もなかなか立派なものであり、なにより、甲斐軍治の墓が金玉均の墓を守っている様子がなんとも微笑ましい。

世間の視線を避け、墓石の立ち位置まで配慮するところに、現代に至るも複雑にして微妙な日韓関係を象徴しているかのようだ。

全生庵の荒尾精墓

広大な谷中霊園に連なるようにして谷中周辺はお寺が密集している。その数多の寺のなかに幕末の剣豪であり幕臣であった山岡鉄舟（鉄太郎）が開いた全生庵という禅寺がある。山岡は幕臣であった勝海舟、高橋泥舟とともに三舟とも呼ばれ、慶応四年（一八六八）三月、江戸城無血開城の際には静岡まで進軍してきていた官軍の陣地に出向き、西郷隆盛と予備談判を行なっている。この山岡による事前のおぜん立てがあったことから西郷は勝海舟との直談判において円滑なる話し合いが可能だったのだが、命を捨てて官軍の陣地に飛び込んできた山岡への新政府の信任は厚く、明治五年（一八七二）から明治十年（一八七七）まで明治天皇の侍従を務めている。明治十六年（一八八三）、臨済宗国泰寺派の全生庵が谷中に創建されたが、山岡が庵を開いた目的は、幕軍、官軍に関係なく、維新の大業で命を落とした全ての人々の菩提を弔うためであった。この寺の縁起を読みながら規模は異なるものの、官軍慰霊のために創建された靖国神社と考えを異にするのが全生庵なの

谷中全生庵正面の門

ではと思った。
しかし、この谷中全生庵の存在を知ったのは維新の大業で落命した人々の菩提を弔う寺ということではなく、大隈重信に爆裂弾を投げた玄洋社の来島恒喜や伊藤博文の暗殺を企てた杉山茂丸が全生庵の山岡の世話になっていたということからだった。来島も杉山も旧福岡藩士族だが、旧藩主黒田長溥が幕末の政局を見誤ったことから福岡藩は佐幕派とみなされ、家臣の多くは新政府での職を得ることはできなかった。新知識を吸収して事をなしたいと考えていた来島は上京して中江兆民の塾で学びながら露天で野菜を売り、杉山茂丸も新聞売りをしながらその日暮らしを送っていた。そんなところを山岡に声をかけられ来島も杉山も全生庵に出入りするようになったのだった。

今回、全生庵を訪ねたのは、玄洋社と関係が深い来島恒喜や杉山茂丸が出入りしていたということもあるが、東亜同文書院の前進である日清貿易研究所を設立した荒尾精の墓がここにあると資料に出ていたからである。十月中旬、暦の上では秋というのに夏の暑さを感じる日、全生庵を訪ねてみると迎えてくれたのはコンクリート造りの本堂だった。剣豪の山岡鉄舟が開いた禅寺ということから古刹をイメージしていたが、意外な姿に軽く小手を叩かれた感じだった。さらに、本堂脇には「墓地新規募集中」と建て売り住宅まがいの派手な幟が林立し、小手に気を取られている間にがら空きの面を一刀両断の下に打ちのめされた感じで、呆然となった。

その墓地案内所に居た僧侶と思しき方に「荒尾精の墓はどこでしょうか」と尋ねると、「荒尾先生のお墓でしたら私が案内します」と近くに居た一人の婦人が先導してくれた。本堂裏手の墓地に至るわずかな時間、檀家でも何でもなく突然に現れた当方に「申し訳ありませんねえ」としきりに口にされる。さほど広くも無い墓地を案内してくれるのに、その「申し訳ありませんねえ」の意味が解釈できなかったが、荒尾精の墓掃除が済んでおらず、汚れたままだからと弁解される。

荒尾精は安政六年（一八五九）、尾張藩士族の長男として現在の名古屋市に生まれた。若い時分、征韓論で下野して鹿児島に帰っていた西郷隆盛の書生であったともいわれているが、明治十一年（一八七八）には陸軍教導団に入り、明治十三年（一八八〇）に陸軍士官学校入りしている。陸軍士官学校では生涯の友となる根津一（初代東亜同文書院院長）と出会うが、明治十九年（一八八六）には情報将校として再び清国（中国）の地を踏むことになる。

明治二十三年（一八九〇）、荒尾は陸軍を辞め、上海に東亜同文書院の前進となる日清貿易研究所を設立した。「支那における複雑な商取引をマスターすること」を目的に設立された学校だが、頭山満、平岡浩太郎、杉山茂丸という玄洋社に連なるメンバーもヒト、モノ、カネの支援を惜しまなかった。この影響から泉岳寺に眠る玄洋社員山崎羔三郎も触発されて日清貿易研究所に入学した一人だったが、その荒尾の墓所には昭和十三年（一九三二）十二月に建てられたという一基の灯篭があった。その寄贈者の名前を確認すると「門人　土井伊八」とある。日清戦争勃発時、日清貿易研究所では職員を含め九十一人が従軍している。門人とあるからには日清貿易研究所か東亜同文書院の卒業生なのだろうが、この土井も通訳官として日清戦争に従軍したのだろうか。

荒尾精は明治二十九年（一八九六）十月三十日、「ああ、東洋が・・・」の一語を残し、出張先の台湾でペストに罹り亡くなっている。玄洋社の頭山満は「一人を以って千万人を制する」と荒尾を高く評価していたが、もはや伝説の人物である。

谷中全生庵　荒尾精の墓　「贈従五位　東方齋荒尾精之墓」と彫られている

墓所に案内してくれた婦人が「すみませんねえ」としきりに詫びたのは、驚くことに、数日後、荒尾の墓前において慰霊祭が行なわれる予定になっているとのことだった。寺の婦人は当方を早めに訪れた関係者と勘違いしたのだが、荒尾精の墓が全生庵に設けられた経緯を知りたく、「今でも東亜同文書院関係の方が参拝されるのですか」との問いかけには歴史や由来には疎いので私には分かりませんと言って話を聞くことはできなかった。

しかし、全生庵に荒尾精の墓があること、参拝者がいまだ居ることに感心するやら、驚くやらだった。先人の墓を訪ねることは、歴史書からしか知り得ない人物を再確認するためだが、荒尾精という人物が確かに生きていたという確証を得ることができ、当初の目的は達せられたのだった。

＊（支那という呼称は中国に対する蔑称と言う方がおられるが、Ｃｈｉｎａをドイツ語では「ヒナ」と発音し、天気予報でも「東シナ海に張り出した高気圧が」などと日常的に使っており、当時の一般的な日本人の呼称そのままにしている）

孫文による山田良政顕彰碑

荒尾精の墓所があるということで訪れた全生庵だが、この寺の正門右手にある山岡鉄舟の大きな顕彰碑の左隣に小ぶりながら「山田良政先生墓碑」を発見した。高さ六十センチ、幅四十センチほどの碑だが、表面には何かが当たって変色し、欠けている。この碑は孫文の辛亥革命の過程で起きた恵州蜂起で戦死した山田良政を顕彰するものだが、荒尾精の墓所を案内してくれた寺の婦人が言うには、アメリカ軍の爆撃によって爆弾か焼夷弾の破片が碑面に当たって欠けたものだという。全生庵の本堂がコンクリート造りであることに出鼻を挫かれた感じだったが、この谷中にも米軍の無差別爆撃の戦禍が及んだことを「山田良政先生墓碑」によって知った。「山田良政先生は弘前の出身、恵州蜂起においてその身を挺した興亜の先覚者である」。およそ、そのような意味の漢文の碑だが、碑文は孫文の撰、碑上部の「山田良政先生墓碑」は犬養毅の手跡といわれている。

山田良政は現在の青森県弘前市に慶応三年（一八六七）の元旦、津軽藩士山田浩蔵、きせ夫妻の長男として生まれている。孫文の辛亥革命支援については福岡の玄洋社、熊本の宮崎兄弟、長崎出

谷中全生庵　山田良政君碑　山岡鉄舟題彰碑の左手にあり
孫文が来日した際に建立したもの

身の梅屋庄吉が有名だが、大陸から遠く離れた陸奥弘前出身の山田良政が何故に孫文の革命に奔走したのか容易に理解が及ばなかった。東シナ海を挟んで中国大陸と対峙する九州では「元寇」に象徴されるように、大陸の政治的安定は日常生活に繁栄をもたらすが、混乱は戦乱をもたらす位置関係にある。古から大陸の政治と一蓮托生の地理にあることから大陸情勢に関心が高い九州だが、東北弘前出身の山田良政が孫文、犬養毅と交際し、中国革命に命を掛けたきっかけが何であるのか、分からなかった。

　山田良政は青森県弘前市にある東奥義塾を卒業しているが、弘前藩の藩校であった稽古館を私学の東奥義塾として再興させたのは菊池九郎である。この菊池は良政の母きせの弟になり、藩校の流れを汲み、伯父が責任者を務めたことから良政は東奥義塾を終えたが、その後に進学した青森師範学校での賄い騒動（寮・寄宿舎の食事に不満を表明する学生のストライキ）で退学処分となっている。明治二十二年（一八八九）一月、同郷の陸羯南《くがかつなん》を頼って上京しているが、この頃の羯南は新聞『日本』を古島一雄、福本日南たちと創刊したばかりで多忙な日々を送っていた。その慌ただしい中でも羯南が良政を受け入れたのは、弘前市在府町の陸の実家の真向かいが山田家であり、何かと良政の相談に乗っていた関係からだった。良政は陸の勧めもあって水産伝習所（現在の東京海洋大学）に進学し、さらにこれも陸の勧めで北海道昆布会社上海支店に勤務している。ここで初めて大陸と良政が結びつくが、上海に赴いたのは明治二十三年（一八九〇）二月頃のことで、この年の九月には荒尾精、岸田吟香の尽力によって上海に日清貿易研究所が開設されている。記録を追うと、良政はこの日清貿易研究所へたびたび出入りしており、異郷において日本の情報や日本人との会話が欲しかったのかもしれない。さらに、伯父菊池九郎が再興した東奥義塾はアメリカから宣教師を教師として招き、先進的な教育を施すとともにキリスト教の布教も行なっていた。良政が日清貿易研究所に出入りしたもうひとつの目的は東奥義塾で学んだキリスト教の教えを広めるためとも言われているが、反面、日清貿易研究所の教員や学生たちから「支那領土保全」についての思想的影響を受けたのは間違いない。明治二十七年（一八九四）、日清戦争が勃発すると良政も通訳官として陸軍に志願し、遼東半島金州に赴任している。この金州では泉岳寺に眠る「三崎」こと山崎、鐘崎、藤崎、生き残った向野堅一など日清貿易研究所の卒業生たちと行動をともにしていたようである。

明治三十二年（一八九九）七月、良政は神田三崎町で初めて孫文と出会った。良政に孫文を紹介したのは福岡出身の平山周だが、平山は宮崎滔天、末永節、福本日南たちと孫文の革命を支援していた仲間の一人である。日清貿易研究所関係者、日清戦争での従軍体験に加え、孫文と直接知りあったことから良政は中国革命に邁進したのではないだろうか。明治三十三年（一九〇〇）九月、良政は台湾民政長官の後藤新平に孫文、平山周を引き合わせている。当時三十三歳の良政が民政長官という政府の大物と連絡が取れることに驚くが、良政の伯父菊池九郎が後藤新平と知己の関係であったことから実現したのではと推察される。荒尾精を支援していた杉山茂丸も後藤と親しいが、孫文と後藤新平は出会うべくして出会った人間関係としか言いようが無い。

山田良政は明治三十三年（一九〇〇）十月二十二日、孫文の革命行動のひとつである恵州蜂起において戦死してしまった。孫文の革命蜂起における初の日本人犠牲者であるが、一九一三年（大正二）二月、中華民国臨時大総統を経て政府代表として日本を公式訪問した孫文は「山田良政先生墓碑」建立のために谷中全生庵を訪れている。孫文の足跡を確認できたことは収穫ではあったが、荒尾精、山田良政の墓や顕彰碑が全生庵にあることが不思議だった。良政を上海へと送りだした陸羯南の葬儀も全生庵で行なわれているが、孫文や辛亥革命と結びつくものとして何がこの寺にあるのだろうか。

本来、山岡鉄舟は維新で倒れた全ての人々の菩提を弔うということで全生庵を開いたはずだが、全生庵と中国革命が結びつかず維新の大業の目的を振り返る時、山岡はアジア共同体建設という遠大な構想を実現するために寺を開いたのではと、勝手に想像をたくましくしたのだった。

貞昌寺の山田兄弟碑

孫文の革命支援の過程において山田良政は命を落としてしまったが、この良政の革命家魂は弟の純三郎に受け継がれていった。しかしながら、この山田良政、純三郎の兄弟は肥後熊本の宮崎兄弟のように名前が知られていない。寡黙な東北人という気質もあるが、「事を成して名を残す」ということに大きな意味を見出していなかったのかもしれない。宮崎滔天は『三十三年の夢』を始めとして辛亥革命成就に至るまでの経緯を多数書き残しているが、これは滔天自身が浪曲師として語りを仕事にし、『九州日報』の記者として連載を持っていたからだが、それにしても、山田兄弟は記録らしい記録を残していない。これは言語、文章による表現手段の有無もあるが、山田兄弟は革命成就という結果を重視していたからではないだろうか。同じように、孫文の革命を支援した玄洋社の面々も系列の新聞社まで持ちながら記録を残さないというのも不思議で仕方が無い。面倒くさがりということもあるが、山田兄弟の「津軽のじょっぱり（強情）」にも似た「無名であることを誇りにする」気質を感じる。

山田良政の弟純三郎だが、明治九年（一八七六）五月十八日、弘前市在府町に生まれている。恩着せがましく名を残す気風をもたない「じょっぱり（強情張り）」兄弟だが、この山田兄弟について知ったのは山崎羔三郎たち日清貿易研究所卒業生のことを調べているときだった。日清貿易研究所の後進が東亜同文書院だが、純三郎は明治三十二年（一八九九）、東亜同文会（後の東亜同文書院）の清国留学生として上海に渡っている。兄良政の大陸雄飛の影響を受け、革命支援という意思を純三郎が受け継いだのは間違いないが、東亜同文書院関係資料に青森県弘前市の貞昌寺に山田兄弟の顕彰碑があると写真入りで紹介されている。孫文が兄の良政を、蔣介石が弟の純三郎を顕彰する碑を建立したとある。人の縁とは不思議なもので、若き日の頭山満は自由民権運動の最中、人材を求めて東北各地を行脚していたが、弘前の菊池九郎の家に三日ばかり宿泊したという。山田兄弟の伯父菊池九郎のことだが、果たしてこの時、後に孫文の革命支援で菊池の甥たちと行動を共にするなど頭山は思い描いていただろうか。こうなれば、頭山の足跡を確認する目的とともに、何が山田兄弟を孫文の革命にかき立てたのか、青森県弘前市を訪れて地の気、風を感じてみなければ分からないと思った。

学生時代、北海道を旅した時、上野駅から夜行の急行で青森駅に至り、長いホームをぞろぞろ歩いて青函連絡船で津軽海峡を渡ったものだった。弘前行きを前にしてそんな思い出が甦るが、今では東京駅から八戸まで東北新幹線が走り、ここで在来特急に乗り換えると青森駅経由で奥羽線の弘前駅にまで直通で行くことができる。

＊（平成二十二年（二〇一〇）十二月には東北新幹線は新青森まで延びた）

青森駅からスイッチバックして奥羽線を走る在来特急は一路内陸部の弘前を目指すが、車窓の左右には延々とリンゴ畑が広がっている。訪れたのはたわわに実るリンゴの収穫期だったが、クリスマスツリーのデコレーションのように赤く光を放つリンゴに見とれてしまった。青森県はリンゴの故郷と無条件に刷り込みがされているが、弘前を訪れて初めて、当地のリンゴ栽培は明治の初めからだったことを知る。山田良政、純三郎兄弟の伯父菊池九郎は東奥義塾を開いたが、弘前の近代化と先進的な教育を施すためにアメリカ人宣教師を弘前に招いている。弘前のリンゴは東奥義塾にやってきたアメリカ人宣教師ジョ

弘前城の本丸　桜の季節には華やかに彩られる

ン・イングが明治七年（一八七四）にもたらしたものだが、やがて明治十七年（一八八四）に旧津軽藩士が集まってリンゴ栽培を本格的に始めるという果樹産業に発展させている。武士の商法のリンゴ栽培かと思いきや、築城四百年になる弘前城名物の桜は京都から苗木を取り寄せて津軽藩士たちが大切に育ててきた結果であり、品種改良や接ぎ木など、桜の苗木を育ててきた津軽藩士の技術がリンゴ栽培にも転用されていたのだった。純三郎も一時期、東京でリンゴ売りをしていたというが、旧津軽藩士たちが育てたリンゴだったのかまではわからない。

不思議なことに、地元弘前の方々に山田良政、純三郎兄弟について尋ねてみてもどなたも御存じではない。一人、タクシー運転手の方で「我《わあ》が一度貞昌寺さんで見たやつかな」と言われる程度。むしろ、日露開戦前の「死の雪中行軍」で有名になった青森連隊と弘前連隊が遭難した話になると「そこが、弘前連隊があったとこさ」と寡黙な弘前人の口が滑らかになる。が、しかし、「孫文、蔣介石の碑は知《す》らねえなあ」だった。弘前といえば、『芙蓉の人』の作者である新田次郎の『八甲田山死の彷徨』で著名だが、宮沢賢治の弟清六さんが弘前連隊に入隊し、賢治も連隊の演習場にまで面会に訪ねてきたことがある。木造でありながらもモダンな図書館や宣教師の家（クリスチャン・センター）を眺め、北国弘前の空に吸い込まれるキリスト教会の鐘の音を賢治はどのように受け止めていたのだろうか。アメリカ軍の爆撃を受けなかったことから古い城下町に登場するモダンな木造洋館の街はこのまま街全体を文化財として残して欲しい。モダンボーイだった賢治もそう願うだろうな、などと感慨にふけりながら弘前の街を歩いた。

地図で確認すると陸羯南、山田兄弟が育った在府町から貞昌寺のある新寺町までは散歩の感覚で行ける距離にある。女性の横顔に見えるといわれる岩木山を眺め、弘前の地の気、風を感じながら、在府町を歩いてみた。弘前城下は敵の侵入を防ぐために道がいたるところで鉤型になっているが、津軽家の菩提寺である長勝寺も有事には陣を設けることができるようになっていることに感心する。その長勝寺と同じように、貞昌寺も脇に入る道路の正面にありながら、左右に並ぶ大小の寺に守られるという造りだった。

寺の方の案内を乞うまでもなく、山田兄弟の顕彰碑は貞昌寺の山門を潜ってすぐ左にあった。谷中全生庵の山田良政の碑は大正二

弘前市の旧図書館　木造でありながら近代的な建築物、さらに内部は男女別の閲覧室になっているが男尊女卑という印象は受けなかった

弘前市東奥義塾の外人宣教師館跡　通称クリスチャン・センター　ここで異国の香りに触れた若者がクリスチャンに改宗したが、青山学院の本多庸一もその一人

弘前市新寺町の貞昌寺の山田兄弟の顕彰碑

年（一九一三）二月に建てられたが、貞昌寺の山田良政碑は大正八年（一九一九）九月二十九日に除幕式が執り行われている。貞昌寺が山田家の菩提寺ということでここに設けられたが、この時、純三郎はもちろんのこと、孫文の幕僚である廖仲愷（中国共産党の幹部で中日友好協会会長廖承志の父）と宮崎滔天が建碑のために弘前に出向いたと記録にあり、谷中の山田良政碑よりも大きく、縦三メートル、横一・五メートルほどもある。あっけない対面に拍子抜けもするが、その良政碑の左隣に純三郎碑があった。民国六十四年（昭和五十年、西暦一九七五年）三月二十九日付の純三郎を称える蒋介石の「永懐風義」、何応欽の書が彫られた碑は縦二メートル余、横一メートル余だった。純三郎は昭和三十五年（一九六〇）二月十八日に亡くなっているので、純三郎没後十五年を記念して建立されたものなのだろう。

この寺には青森県重要文化財の庭があり、その見学を求めるとともに山田兄弟の碑を見学にきたことを方丈さんに伝えた。地元弘前の人たちは誰も関心を抱かない中、県外の方が山田兄弟の功績を重要視されることに小さな驚きを持っていると語られる。日本が共産中国と国交を樹立する以前、日本に着任した中華民国（国府台湾）の新任大使の初仕事は山田兄弟の顕彰碑を参拝することだったという。大使が参拝される際には寺の近辺の電信柱一本一本に一人の私服警察官が立って警備するほど物々しかったそうだが、今では国府台湾と国交が遮断されたため、そういう行事も無くなってしまったという。それよりも、「遠来の方のほうがよく（山田兄弟の事を）御存知なんです」と地元の人たちが山田兄弟に関心を持たないことを残念がられた。貞昌寺は津軽藩の中老クラスの家格の菩提寺とのことで、さほど檀家さんの数は多くないと言われる。故に墓地の代わりに庭を造営できる余裕があったそうだが、台湾の大使も眺めたであろう重要文化財の御庭は見事の一言だった。

この山田兄弟の顕彰碑について、タクシー運転手、古書店の方なども御存じなかったが、唯一、弘前市立図書館の方が『宮崎滔天全集』に出ていますよと教えてくれたのが救いだった。純三郎は孫文の名代として日本の満洲租借交渉を進め、秘書として孫文の末期に立ち会い、敗戦後には上海在留邦人の帰国の手はずを整えた人物だった。日本と中国の重要な歴史の生き証人であり、功労者でありながら、日本人どころか弘前の地元民が知らないということに失望感を抱いて帰路についたが、「津軽のじょっぱり」山田兄弟にとって有名であるとか無名であるとかは特段の問題ではないのだろう。

ちなみに、東奥義塾の菊池九郎だが、須賀川医学校に出向く若き日の後藤新平と道中で知り合い、その勉強熱心な後藤の姿勢に感心し、以後も親交を深めていったという。後年、後藤新平が南満洲鉄道総裁に就任し、山田純三郎が就職試験を受けた時、純三郎が菊池の甥であるという偶然性に後藤が随分と驚いたという逸話が残っている。

南満洲鉄道という防衛ライン

一九五一年（昭和二十六）二月、ソ連（現在のロシア連邦）から遼東半島の大連港が中華人民共和国に返還され、続く一九五二年（昭和二十七）十二月に中国長春鉄路（旧南満洲鉄道）が中国側の単独管理となった。昭和二十年（一九四五）の敗戦以後、日本は昭和二十五年（一九五〇）の朝鮮戦争、昭和二十六年（一九五一）のサンフランシスコ講和会議、日米安全保障条約、昭和二十七年（一九五二）の日華（台湾）平和条約調印、日印平和条約調印と国際協調に追いまくられ、この時代の大陸におけるソ連の動向にまでは注意が向いていない。昭和二十年（一九四五）八月九日、日ソ不可侵条約を一方的に破棄してのソ連の満洲侵略以来、満洲の利権がことごとくソ連に搾取され続けていたことに驚く。満洲に留まり続けたソ連の姿勢からは帝政から共産主義へと政権の表看板は変わっても、現在に至るもロシア（旧ソ連）が帝国主義国家であることに変わりが無い。

明治二十七年（一八九四）に始まった清国との戦争（日清戦争）に日本は勝利したものの、ロシア、ドイツ、フランスの三国干渉により割譲された遼東半島は清国に返還されることになった。ところが、明治三十一年（一八九八）、ロシアは遼東半島の旅順と大連、ドイツは膠州湾、イギリスは威海衛を清国から租借し、明治三十二年（一八九九）にはフランスが広州湾を租借した。租借とは名ばかりで、実質、欧米列強の清国侵略であったが、その後、日本とロシアの対立は避けられず、明治三十七年（一九〇四）には日本とロシアとの戦争（日露戦争）が始まった。この戦争はアメリカの仲介によって講和条約が結ばれたが、この講和条約（ポーツマス講和条約）にはロシアが敷設していた鉄道を日本に譲渡するという項目が含まれていた。このロシアが満洲に敷設した東清鉄道支線は南満州鉄道と名称を変更して日本の管理下に置くことになったが、このことを日本の帝国主義による侵略行為と糾弾する方がいる。単純に他国領土の鉄道権益を支配下に置くということだけを見れば侵略行為になるかもしれないが、多角的に見るとロシアの東アジア侵略に対抗する防衛措置であったことが理解できる。

一八九六年（明治二十九）、帝政ロシアはシベリア鉄道を敷設中だったが、最短距離で日本海にまで到達する東清鉄道一五〇〇キロの敷設権を清国から得た。清国の宰相李鴻章は満洲の満洲里からハルビン、沿海州に到達する自国領通過の鉄道敷設権を賄賂の見返りとして許可したが、さらに、一八九八年（明治三十一）にはハルビンから租借地の遼東半島旅順、大連に至る東清鉄道南部支線一〇〇〇キロの敷設権もロシアに譲渡している。ロシアは着々と南下政策を進めていたが、問題となったのは東清鉄道南部支線の敷設権交渉の際、南部支線から朝鮮半島に至る敷設権も得ていたことである。ロシアは朝鮮の政権を握っている高宗、閔妃を取り込み、朝鮮領内の敷設権をも得ようと画策していたのだが、もし、この朝鮮領内の鉄道敷設権がロシアに渡っていたならば、ペテルブルグからウラジオストック、旅順、大連、釜山が直接に繋がり、沿線はロシアの軍事支配下に入ることで日本を含む東アジア全域が植民地となるのは時間の問題だった。

明治三十七年（一九〇四）二月に始まった日露戦争だが、その原因は義和団の変（北清事変）にあった。山東省にあったドイツ教会が治外法権を盾に犯罪者を匿ったことから義和団の暴動が起きたとされているが、一八九七年（明治三十）に東清鉄道の敷設を始めたロシアとの間にも義和団との争いは起きている。ロシアは鉄道敷設を阻止する現地住民の大量虐殺を繰り返し、このことに反発した義和団が鉄道を襲撃したからである。この義和団から鉄道を守備するという名目でロシアは軍を満洲に駐留させ続けたが、その延長線上には朝鮮も入っていた。アメリカのような海洋国家は機動性に優れた空母や戦艦の保有によって通商権益を保護するが、ロシアのような大陸国家の場合には陸上輸送の要である鉄道線路を確保することで通商権益を保護していた。ロシアにとって満洲や朝鮮という植民地を獲得し、通商権益を拡大するには鉄道が必要不可欠だが、それは鉄道の軌道幅に如実に表れている。

・日本国内　三フィート六インチ　（一〇六七ミリ）
・世界標準　四フィート八インチ　（一四三五ミリ）
・ロシア　五フィート　（一五二四ミリ）

鉄道線路の軌道幅が広ければ広い程、貨物（軍事物資）、客員（兵員）を高速で大量に運ぶことが可能になり、ひいては鉄路保護を名目に国境線の拡大と軍隊の駐留を維持することができるからだった。

日露戦争終結後、ポーツマス講和条約によって日本は旅順、大連から長春に至る東清鉄道支線約七六四キロを譲渡されたが、この路線はロシアの五フィート（一五二四ミリ）の軌道で敷設されていた。東清鉄道支線は南満洲鉄道として日本の支配下に入り、明治三十九年（一九〇六）十一月十三日、初代総裁に後藤新平、副総裁に中村是公が着任した。この後藤、中村というコンビはかつての台湾総督府の民政長官と直属の部下であり、台湾での実績をそのまま南満洲鉄道に持ち込んだ形となった。後藤は南満洲鉄道の運営方針を示して実務は中村に一任していたが、最初に後藤が指示をしたのは営業を継続しながら一年以内に南満洲鉄道の軌間をロシアの五フィート（一五二四ミリ）から世界標準の四フィート八インチ（一四三五ミリ）に変更することだった。この軌間変更はロシアの侵略を防ぎ、国境線を縮小させる最善の方法だったが、このことは日本の敗戦後、中国長春鉄路（旧南満洲鉄道）の軌間を五フィートに戻すようソ連が中国側に求めたことからも軌間変更は防衛施策であることが理解できる。

この南満洲鉄道の経営権については日露戦争で日本支援に協力したアメリカからの申し出で鉄道王ハリマンに譲渡することが日本政府によって決定していた。しかしながら、ポーツマス講和条約の交渉に臨んだ小村寿太郎、山座円次郎によって白紙撤回されたのだが、この鉄道王ハリマンへの譲渡が反古になったことが後の日米関係悪化を招いた要因と伝えられている。小村の考えでは鉄道経営を日本と清国の共同経営と考えており、その計画書である『韓満施設綱領』は一足先に帰国した山座に手渡されていたのだった。ポーツマスでの講和会議期間中、ハリマンは娘たちを連れて旅順などの下見に訪れているが、まるでバカンスを楽しむかの如き視察旅行であったという。ロシアの侵略から東アジアを守るための鉄道線路確保の日本と個人の利益を優先するアメリカのハリマンとでは、最初から物事に対処する緊張度が比較にならなかったのである。

岸田吟香の墓を訪ねて

荒尾精の墓、山田良政の碑がある全生庵だが、この寺から少しばかり歩くと谷中霊園がある。霊園事務所の正面には大正二年（一九一三）に泉岳寺から移転したという川上音二郎碑があるが、一

谷中霊園　川上音二郎碑

世を風靡した川上であったものの戦争中の金属供出で銅像が取り外され、今では台座だけになっている。その台座につけられた説明書きに音二郎は玄洋社員とある。玄洋社研究の第一人者である石瀧豊美氏がまとめられた玄洋社員名簿と付け合わせてみるが、川上の名前はない。しかし、玄洋社員ではないものの玄洋社に関わった人物は多く、頭山満の盟友杉山茂丸、宮崎滔天、平山周、福本日南、中村天風、堀川辰吉郎、宗道臣など、玄洋社と行動をともにし、頭山満、内田良平に助けられた人々は多い。玄洋社は旧福岡藩の郷党的集団と言い換えてもいいが、なかには「玄洋社員」を名乗って暴れる無関係の大陸浪人もおり、このことは幕末、「薩摩藩士」を名乗って無銭飲食を働いた不逞浪人と同じ様を見るようである。松本清張は短編小説の『粗い網版』に大本教団の潤沢な資金を引き出すために聖師出口王仁三郎に接近したかのような筆致で頭山や玄洋社を描いているが、あくまでも小説の世界の事と思いながら、果たして、清張がどこまで玄洋社と大本教の真実を摑んでいたのかは知らない。

そんなことを考えながら川上音二郎碑手前を右に折れて道なりに進んで行くと、大隈重信を襲撃した来島恒喜の墓がある。周辺が鬱蒼としているので見過ごしてしまうが、広大な渋沢栄一の墓所の斜め前にあり、この渋沢の墓所からJR日暮里駅方向に進んだ右手の木立の中に岸田吟香の墓がある。

岸田吟香は天保四年（一八三三）、現在の岡山県久米郡に生まれているが、あの「麗子像」で有名な画家岸田劉生《きしだりゅうせい》の父親と言った方が分かりやすい。岸田吟香は嘉永二年（一八四九）十六歳の時、江戸に出てきたが、何かを成すと言うよりも抑えがたい変革の時代の空気を吸い、知識を習得したいというのが本音だったようである。その吟香の生き方を一変させたのは、横浜に居留するヘボン（James Curtis Hepburn）との出会いだった。「大風が吹けば桶屋が儲かる」の例え通り、江戸の街は埃と馬糞が風に踊り、眼病に苦しむ庶民が多かったが、吟香もその一人だった。ヘボンは吟香の高い漢文の素養を認め、英語はアメリカから帰国した「アメリカ彦蔵」こと浜田彦蔵が吟香に手ほどきをしている。彦蔵は日本における「新聞の父」とも呼ばれ、これは吟香が彦蔵の新聞発行の手助けをしたことによるものである。その吟香自身も明治五年（一八七二）二月、「東京日日新聞（後の毎日新聞）」を創刊し新聞事業を興しているが、福地源一郎に譲り渡している。和英辞書は日本語をローマ字で表記したヘボン式の『和英語林集成』となったが、ヘボンのもとで英学を学んで

谷中霊園　岸田吟香夫妻の墓　従六位勲六等岸田吟香と彫られている

いた大村益次郎もＡＤＡＢＡＲＡ（腹痛）、ＡＳＨＩＮＯＫＥ（脚気）など、完成途中のヘボン式単語に接していたかもしれない。

後に吟香は『和英語林集成』の印刷で訪れたことのある上海に薬や雑貨を扱う「楽善堂」を開き、同じく眼病に苦しむ支那（中国）でも売り上げを伸ばしていったのだった。そこに登場したのが荒尾精だが、「楽善堂」の漢口支店員として支那（中国）全土の商習慣、風土、民族などを踏査する荒尾を支援している。荒尾が上海に日清貿易研究所を設立するにあたって「支那領土保全」という意見の一致をみた吟香が協力を惜しまなかったのは言うまでもない。

岸田吟香の墓はアスファルトの通路から脇に入った藪にも似た木立の中にあった。昼間でも薄暗く、一見して画家岸田劉生の父が眠る墓とは思えないほどだった。彫り込まれた墓石の文字も苔むし、ようやくにして吟香のものと判別できたが、カメラのシャッターボタンを押そうとすると自動的にフラッシュカバーが開いた。幾度かシャッターを切ったところで、視線を感じるので目を転じると、黒猫がじっと固まっている。まるで、岸田家の墓守さんのように、不審なフラッシュに気づいて監視に来たようだ。

大陸政策に関わった人々の墓参りは済んだのだが、全生庵に荒尾精の墓、山田良政の碑があることをどうしても知りたくなり、後日、全生庵にその由縁を尋ねてみた。すると、意外なことに、玄洋社の頭山満が出入りしていた関係からではないでしょうか、という返事が返ってきた。頭山の口述伝には山岡鉄舟、勝海舟、高橋泥舟の誰とも会ったことはないと出ており、頭山と全生庵の関係性は皆無と思い込んでいただけにこの回答は驚きだった。再び、頭山満の書か何か寺に残っていませんかと尋ねると、何も無いとの返事。米軍機の空襲によって灰燼に帰したのかもしれないが、頭山は来島恒喜の菩提を弔うため来島が親しく出入りしていた全生庵を訪れていたのだろうか。全生庵に眠る荒尾精、山田良政、谷中霊園の来島恒喜、岸田吟香の墓所を辿りながら、孫文の辛亥革命に連なる人々のルートになっていることに気付いた。

そう考えれば、全生庵に参詣の後、川上音二郎の碑を過ぎ、来島の墓参を済ませたところで、「世話いなった吟香さんの墓にも参らじゃこて」（博多弁で「世話になった吟香さんの墓にもお参りに行かなくては」の意）と頭山は歩を進めたのかもしれない。

品川東海寺大山墓地

JR品川駅から西に進むと目黒川に突きあたる。この目黒川河畔に東海寺という寺があるが、寛永十五年（一六三八）に沢庵禅師が徳川家光の命で開山した臨済宗大徳寺派の古刹である。現代の品川はビルや工場に囲まれ、東海道本線、東海道新幹線、山手線、京浜急行など、いくつもの鉄道が交差するせわしない場所だが、その昔、品川東海寺は朝鮮通信使の宿舎でもあった。元禄六年（一六九三）には焼失したものの将軍綱吉によって再建された寺であるが、一説には目黒川を防御線とする江戸城防備の施設であったともいわれている。

この寺を調べてみたいと思ったのは、孫文の革命を支援した宮崎滔天の兄伴蔵、弥蔵の墓があるとのことからだが、滔天が書き残した『三十三年の夢』に「品川東海寺春雨庵に葬る」とある。滔天には男女合わせて十一人の兄弟がいたが、昔のことで多産早死の結果、男子は八郎（長兄）、伴蔵（次兄）、民蔵（一兄）、弥蔵（二兄）、滔天の五人が育っている。その男子のなかでも実質的な長兄にあたるのが宮崎八郎だが、この八郎は郷党武士団である熊本協同隊を率いて明治十年（一八七七）の西南戦争で西郷軍に加担し、四月六日、熊本の八代萩原堤で戦死している。さらに、この八郎の次兄になる伴蔵は明治七年（一八七四）に東京に遊学したものの、明治八年（一八七五）に満十七歳九ヶ月で病没したとある。この伴蔵は品川東海寺春雨庵に葬られたとあるが、ニコライ塾、東京外語学校でロシア語を学んでいた。伴蔵の生年は詳細ではないが、没年から逆算して安政三年（一八五六）頃と思われ、ロシア語を勉強したのも兄八郎が対ロシア問題を志すようにと勧めたことからという。兄八郎は嘉永四年（一八五一）の生まれとあるので、伴蔵とは五歳違いだったが、宮崎民蔵、弥蔵、滔天兄弟が大陸革命に邁進する背景には長兄八郎の思想が伴蔵を通じて亡霊の如く漂っていたことがわかる。

伴蔵、弥蔵が葬られたという品川東海寺春雨庵は現在では東海寺から独立し、春雨寺（しゅんぬじ、はるさめでら、とも呼ばれている）として存在している。東海寺からJR山手線大崎駅方向に向かった目黒川近くにあるが、正面には「春雨寺」としゃれたプレートが嵌ったビルだった。こんな近代的なビルと化した寺のどこに墓場があるのだろうと思ったが、わずかばかりの幅がある複雑な階段を登り切ると申し訳程度にコンクリート壁に囲まれた墓場がある。三十基もあるかないかの墓石を一つ、一つ確認していくが、古い年代の物であるのは間違いないものの、「宮崎」と記された墓石には出くわさなかった。墓場をうろうろする姿はまるで不審者。わずかばかりの墓地の雰囲気からして沢庵禅師の墓もあるといわれる場所ではない。ふと、目に入ったのが急なコンクリートの階段だったが、更に奥に何かがあるようだ。

宮崎伴蔵、弥蔵が葬られた東海寺春雨庵だったが、弥蔵は明治二十九年（一八九六）七月四日に亡くなっている。伴蔵が葬られた時には土饅頭に木製の墓標だったかもしれないが、さすがに弥蔵の場合は石造りの墓石があるだろうと思い、弥蔵の墓を探せば伴蔵の墓も判明するだろうと思った。弥蔵は慶応三年（一八六七）に生まれ、明治三年（一八七〇）生まれの滔天とは三歳違いの兄になる。

春雨寺　品川東海寺の大山墓地に隣接しているが近代的なオフィスビルの一角にある

品川東海寺の大山墓地　沢庵禅師の墓　「夢」という一文字が妙に現実的

滔天は何かと兄弥蔵から中国革命の強い影響を受けているが、当時十七歳の滔天にとって兄弥蔵から聞く壮大な海外雄飛に胸が躍ったことだろう。その弥蔵は明治二十八年（一八九五）、菅白熊と中国名に変名し、辮髪、胡服（シナ服）に身を包み、横浜の中国人居留地商館に住み込みで働きながら中国語習得に励んでいた。この弥蔵の行動から孫文の幼馴染で盟友の陳少白と知り合うのだが、その人間関係は弥蔵から民蔵、滔天へとつながっていった。

そんな弥蔵の事を反芻しながら急な階段を登りきると、そこには古めかしい墓石が並ぶ墓地が広がっていた。東海寺が管理する大山墓地だったが、この墓地に伴蔵、弥蔵の墓があると確信して探し回る。が、しかし、どこにもない。一つ、一つ、苔むした墓石をめがけて探し回るが、無い。そんな墓地の一群に熊本県士族たちの墓が肩を寄せ合うようにして在った。東京遊学中の伴蔵の墓が東海寺にあることが不思議だったが、この寄り添うようにして立っている熊本県士族の墓石を見た時、志を抱きながらも異郷で生涯を閉じた伴蔵を思い、せめてもの情けに同郷の人々が数多く眠る墓地にと考えたのではないだろうか。中国革命という志を抱きながらも病に倒れた弥蔵が伴蔵の傍に埋葬して欲しいと願う背景には望郷の思いがあったのだろう。裏面に熊本県士族と彫られた墓石を舐めるようにして確認して廻ったが、対ロシアの伴蔵、対支那の弥蔵と大陸問題に関与した二人の人物の墓は東海道新幹線の敷設工事に際して測量地に入り、改修されてしまったのだろうか。随分探したが、宮崎伴蔵、弥蔵兄弟の墓はついに見つからなかった。

単純な話だが、なぜ、品川東海寺の大山墓地に熊本県出身者の墓石が集まっているのだろうかと疑問が湧いたが、東海寺は肥後細川家の菩提寺だった。家臣であった熊本士族の墓がここにあって

品川東海寺の大山墓地にある熊本県士族たちの墓　異郷で亡くなった者同士が淋しくないようにとの配慮なのか

も何の不思議はない。しかし、もしかしたら、この熊本士族の墓の中に伴蔵が惚れた女が先に葬られていたのだろうか。
多感な滔天の兄だから、ありえない話ではないが、残暑の中、汗を垂らしながら探しまわったあげくに見つからなかった無念は、宮崎兄弟のロマンス話にでも仕立てなければ、諦めがつかなかったのである。
翻って、正岡子規は郷土の先人の墓探しを試み、ついに見つけ出せずにこう詠んだ。
《花芒墓いづれとも見定めず》

第五章 近代と制度

通貨制度と小栗上野介から

高輪の泉岳寺には経済人であり「易断」のエキスパートである高島嘉右衛門の墓がある。高島嘉右衛門は一般に「易」を操る人物と思われがちだが、嘉右衛門の父嘉兵衛は佐賀鍋島藩の御用商人であり、その家業を受け継いだのが嘉右衛門である。嘉右衛門は鍋島藩の御用商人として出入りしている頃、外国通貨と国内通貨の交換比率の差額で利益を上げることに気づいて鍋島藩に利益をもたらしたのだが、藩に累が及ぶことを避け、今で言う外国為替管理法違反の罪を一身に受けて獄につながれた。

この通貨の交換比率で利益をあげる手法は横浜を訪れた外国人が頻繁に行なっていたことだが、日本に持ち込まれたメキシコドル銀貨四枚は日本の一分銀貨十二枚と交換することになっていた。さらに、日本国内の交換レートでは一分銀貨十二枚は小判金貨三枚と交換することができたが、その小判金貨三枚を香港で交換するとメキシコドル銀貨十二枚にすることができた。つまり、単純に言えば、外国人がメキシコドル銀貨四枚を持って日本に立ち寄り、香港で交換するだけで三倍の十二枚に増やすことができるというものだった。嘉右衛門は鍋島藩の小判金貨を借り受け、外国人取引と同じ手法で三倍の利益を生み出していたのだった。

嘉右衛門は出獄後、江戸ところ払いになったことから活動拠点を横浜に移し、「高島屋」という旅館を経営していた。横浜から出港する連絡船の休息所として「高島屋」は木戸孝允（長州）、大久保利通（薩摩）、大隈重信（佐賀）、大隈の部下であった伊藤博文（長州）との親しい付き合いに広がっていった。この人間関係から大隈、伊藤、高島による鉄道敷設という近代化に繋がったのも面白い。

その大隈や伊藤が押し進めた近代化のひとつに「新貨条例」がある。明治四年（一八七一）五月十日に発令されたこの条例は、「円」を日本の基本通貨として定着させ、諸外国との通貨取引の安定を図ったことにある。将軍綱吉の時代、オランダ、清国との長崎交易による輸入品への支払いは金、銀、銅で支払われていた。慶安元年（一六四八）から宝永五年（一七〇八）の六十年間に金二三九万七六〇〇両、銀三七万四二〇〇両がオランダ、清国に支払われたというが、それは諸外国の物産品が日本に入って来るのと同時に金銀銅という貴金属が大量に諸外国に流出したということになる。

さらに、朝鮮との貿易を取り仕切っていた対馬藩では交易品の支払いには純度八〇パーセントの慶長銀を使用しており、京都で銀を集めては朝鮮貿易での支払いに充てていた。しかしながら、銀の産出にも限りがあり、財政が窮迫した幕府は元禄八年（一六九五）に純度六十四パーセントの元禄銀や二十パーセントの四宝字銀を鋳造してその場をしのいでいた。ところが、朝鮮では純度八〇パーセントの慶長銀を溶かして銀塊にし、清国との朝貢貿易に利用していたことから慶長銀の純度が下がることは朝鮮貿易での信用を落とすことになり、幕府は対馬藩の要望に応じて朝鮮貿易用に純度八〇パーセントの「人参代往古銀」を鋳造して信用回復に努めたのだった。現代も輸出入における国際通貨が問題になるが、これは江戸時代も現代も同じということになる。

嘉永七年（一八五四）、幕府は駐日アメリカ代表のハリスとの交渉で、メキシコドル銀貨と天保一分銀を等価交換することに決定した。

・天保一分銀　　　　八・六六グラム　銀純度　九九パーセント
・メキシコドル銀貨　二六・七グラム　銀純度　八六パーセント

しかし、安政三年（一八五六）、幕府はハリスが主張する同種同量交換の申し出を断り切れずに了承してしまったのである。そのことから、銀換算重量で天保一分銀は約八・六六グラム、メキシコドル銀貨は約二十三グラムとなり、ここに天保一分銀三枚に対しメキシコドル銀貨一枚の同種同量交換が成立したのである。このことから、日本に持ち込まれたメキシコドル銀貨四枚は天保一分銀十二枚と交換されることになり、天保一分銀十二枚が流通していた文政、天保小判三枚と交換されることになった。この小判三枚が香港に持ち込まれるとメキシコドル銀貨十二枚に化ける勘定になった。安政六年（一八五九）当時、日本では金と銀の交換率は一対四・六であったが、アメリカでは一対十六であった。

後に日本の金小判とアメリカの一ドル金貨を等価交換するという取り決めに対し、小栗上野介はハリスが主張した同種同量の逆手をとって、日本の金小判に含まれる銀も換算すべきであり、金価格を考慮すべきと主張したのだった。その交渉テーブルにおいて小栗は十を底とする十進法とソロバンを用いて計算をしてみせたのだった。十進法は十一は十と一、十二は十と二の集まりと考えるが、アメリカでは十一はeleven（イレブン）、十二はtwelve（トゥエルブ）と別の言葉が存在するように十二を底とする計算方法だった。アメリカ人はこの小栗の十進法、ソロバンでの計算を見て、極めて合理的と高く評価している。

この計算の底の違いは、一年が十二ヶ月あるということ、三や四で割り切れることから十二を西洋が用いたという。東洋では十二支十干など、十二と十との組み合わせ方法を持っていたことから、十を基準にしようが十二を基準にしようが小粟からすればいかようにも対応は可能であり、驚くに値しないことだったのではと想像する。

幕末における通貨問題はこれだけにとどまらず、開港場となった横浜でメキシコドル銀貨を持ちこんで日本の金小判に交換し、簡単に三倍の利益をあげるということが外国人に知れ渡っていた。高島嘉右衛門が牢獄送りになった通貨問題だが、明治の世になっても百円の太政官札が一ドル四十円程度に評価され、国際通貨としての安定を見ることはできなかった。高島は政府発行の太政官札を買い占め、等価交換するとの政令によって再び巨万の富を手に入れることができたのだが、明治政府発行の太政官札は対外的な信用度が極めて低かったという証明にもなる。

明治の世になっても日本国内では太政官札のみならず、諸藩が鋳造した贋金（金や銀の含有量が低いもの）の二分金も大量に出回っており、徳川幕府鋳造の貨幣、藩札、藩の贋金、明治政府の太政官札と複雑な通貨が介在していた。諸藩が鋳造した贋金の二分金などは倒幕資金調達のために必要な措置だったとはいえ、悪貨の排除と通貨の安定は明治政府の国際信用問題として諸外国から改革を強く求められていた。蛇足ながら、明治十五年（一八八二）四月、官設鉄道として設けられた長浜駅（滋賀県）では、乗客は何の疑問も抱かずに天保銭、文久銭、一厘銭で運賃を支払っていたという。政府が「新貨条例」を出したとはいえ、市場における適正な貨幣流通には相当の年月を要していたことが理解できる。

もともと、アジアにおいては銀本位の通貨制度が定着していたが、大蔵官僚の大隈重信は金本位を導入し、アメリカの一ドル金貨に対して日本の一円金貨が等価で交換できるようにすることで外資導入を図り、財政基盤を整えて新国家建設を進めて行かなければならないと考えていた。後に大隈は条約改正問題に異を唱える玄洋社の来島恒喜に襲撃されたが、来島は治外法権に対しての異議から大隈を襲撃したとみられている。しかしながら、「金貨ノ乱出・輸出入ノ不平均ハ日ニ以テ我国力ヲ減殺シ」と主張し、さらに治外法権は国民の心をねじ曲げていると来島は訴えていた。条約改正において関税自主権の回復が優先事項であると来島は認識しているものの、明治二十二年（一八八九）の大日本帝国憲法と照らし合わせても、外国人を日本に帰化させれば問題ないとの大隈発言は憲法違反として糾弾していたのだった。現代に至るも通貨問題は第二の経済戦争だが、大隈としては欧米と対等な通貨を持つことで早急に国力を増加させ、そこから不平等条約改正の足固めにしたかったのではないか。いずれにしても、来島の憂国心による大隈襲撃に対し、大隈自身は来島に対して何らの嫌悪感をも抱いていないと断言するところに、大隈の度量の大きさを感じる。

その金本位の「円」金貨は鉄道敷設にも尽力した井上勝（幕末、伊藤博文とイギリスに渡った長州ファイブの一人で日本の鉄道の父）が大阪に設けられた造幣寮（造幣局）責任者として鋳造したものである。

条約制度と大隈重信

日本をいち早く近代国家に育て上げなければならないと強く願う大隈重信だったが、反面、その強引な行政手腕が薩長藩閥の反発を買い、結果、「明治十四年の政変」によって浪人となった。突如、政府の要職から追放されてしまった大隈だが、明治六年の「征韓論」で下野した江藤新平のように故郷の佐賀に帰らず、明治十五年（一八八二）十月二十一日、東京専門学校（現在の早稲田大学）を開校して後進の育成を始めた。高圧的なイギリスの外交官ハリー・パークスとの外交交渉を評価された大隈は、明治二年（一八六九）に築地本願寺の横にあった敷地面積約五千坪の戸川播磨守の邸を与えられ、政府の要人として迎えられた。五千坪といえば、現在の東京ドームのおよそ半分の広さの邸であり、外交交渉に苦慮する明治新政府がいかに大隈を厚遇していたかが計りしれる。その邸には常に四十人から五十人の食客が住み込み、時に隣に住む伊藤博文も裏口から浴衣姿で食事に来ていたという。大隈は多くの食客を抱えていたが、すでにこの頃から、長崎での佐賀藩英語学校「到遠館」のような次代を担う青年教育の機関設立を考えていたのではないだろうか。

明治政府は在野の自由民権団体からは「政権の詐欺師」と呼ばれていた。それは薩長閥やそれに連なる官僚たちが国民の生活苦を顧みず贅を尽くした生活を送り、意のままに権力を振るったこともあるが、徳川幕府が諸外国と結んだ安政条約を批判して幕府を打倒したにもかかわらず、薩長藩閥の条約改正の内容が諸外国と妥協する姿勢を見せたことにあった。条約改正問題に関しては長州閥の井上馨が対処していたが、明治十六年（一八八三）の長崎アヘン事件、明治十九年（一八八六）の長崎事件の結果でも分かるように、当時の日本では殺人、暴行、禁制のアヘン持ち込みという罪を犯しても清国人は治外法権を盾に犯人の引き渡しを拒み、処罰に応じることはなかった。逆に、長崎アヘン事件では清国側の申し入れで長崎市内を警備する警察官はサーベルを身につけることを禁じるという侮辱的な仕打ちまで受けている。現代の日本においても沖縄に駐留するアメリカ軍兵士が罪を犯したにも関わらず、犯人の引き渡しを拒み、国外に逃避することに日本国民が不信と反感を抱くのと同じことが明治時代に起きていたことになる。仮に、沖縄で外国人裁判が行なわれるにしても、裁く側の判事の中に日本国籍とはいえアメリカ人がいたとしたら、罪を犯したアメリカ人に対する判決が甘くなるのは目に見えている。

明治二十年（一八八七）、井上が極秘に進めていた条約改正案には「外国籍の判事・検事を任用する」とあり、安政条約の改正における焦点は治外法権の撤廃であったにも関わらず、それは独立国家の主権を脅かす改正案だった。この内容は外務省職員の小村寿太郎によってマスコミにリークされ、条約改正案反対運動の盛り上がりに薩長藩閥に対する不満も加わって長州閥の井上は外相を辞任してしまう。

後任の外相は伊藤博文が兼任していたが、これも薩長藩閥に対する不人気の要因となり、「明治十四年の政変」によって薩長藩閥政府から追いだされていた大隈重信が外相として復帰することになった。諸外国との交渉能力を買われての復帰だったが、かつて、大蔵官僚の上司、部下の関係であり、伊藤に食事を提供するほどの大隈だったが、いまやその立場は逆転し、首相の伊藤、外相の大隈であった。しかしながら、大隈にとって、この条約改正問題解決が政界中枢に返り咲く大きな転機と映ったのは確かだろう。

明治二十一年（一八八八）十一月三十日にメキシコとの対等な通商航海条約締結を成し遂げ、大隈はその外交手腕において朝野の絶賛を浴びることになった。しかしながら、このメキシコとの条

護国寺　大隈重信の墓所前の鳥居　早稲田大学の寄贈になるもの

約改正と同時にドイツ、アメリカ、イギリス、フランス、ロシア、イタリアとの条約改正は個別案件として大隈が極秘に処理していたが、この改正案は「大審院に四名の欧米人の判事を任命し」というもので、批判の対象となった井上案と似たり寄ったりのものだった。この大隈による条約改正案も外務省翻訳次長であった小村寿太郎によってマスコミにリークされ、朝野をあげて大隈の条約改正案に反対が集中した。それでも、大隈は黒田清隆内閣の閣僚を説き伏せて自身の案である条約改正案を締結しようとしていた。

明治二十二年（一八八九）十月十八日、玄洋社の来島恒喜が投じた爆裂弾によって大隈は片足を失い、同時に黒田内閣も総退陣となって条約改正案は阻止された。大隈暗殺を謀った来島をテロリストと評する方がいるが、この時代、選挙による議会制度も無く、言論も新聞紙条例によって弾圧される中、政府に反対意見を述べるには要人暗殺しか方法は無かったのである。この来島恒喜が所属した玄洋社は筑前（現在の福岡県北部）に興った自由民権団体だったが、その基盤は筑前共愛公衆会（会長は小野（三木）隆助、副会長は箱田六輔）という地方民会であった。明治十二年（一八七九）十月、旧福岡藩士族である郡《こおり》利《とし》たちによって集会がもたれ、福岡県（筑前）を一区十五郡九三三町村で組織するものだったが、明治十三年（一八八〇）一月には「国会開設及び条約改正之建言」を元老院に提出した団体でもある。

来島のとった行動は大隈の周囲からすれば強い反感を抱くものかもしれないが、参議である大隈ですら「明治十四年の政変」という謀略で罷免される時代である。薩長藩閥の辛酸を舐めた大隈だからこそ、自身の命を賭けて信念を貫く来島の行動を批判せず、逆に来島が所属した玄洋社の平岡浩太郎の支援を受け、板垣退助と政党内閣を樹立するという理想を実現できたのだった。

議会制度と山縣有朋

明治新政府は「薩長藩閥政府」と揶揄されるように、薩摩、長州出身者で権力を掌握していた。明治十一年（一八七八）五月十四日、東京の紀尾井坂で薩摩藩出身の大久保利通が加賀藩出身の島田一郎たち六名によって暗殺され、その後は大久保が後継者として目をかけていた大隈重信と伊藤博文とが権力を競った。「薩長藩閥」と言われながらも大久保は能力を重視した新政府構想を持っていたことになるが、結果的に「明治十四年の政変」によって伊藤が長州閥に寝返ることで権力を手中に収めた。その背後には陸軍を掌握している山縣有朋がいたからといわれるが、今でもアメリカ議会では大統領の就任宣誓式に、陸、海、空、海兵の四軍の将星が大統領の背後に居並ぶのを見かけると、どこの国、どの時代でも、軍を掌握したものが政治権力を握ることができるようになっている。

山縣の陸軍か、陸軍の山縣かと称され、政治権力を背後からコントロールした山縣有朋の墓所は

護国寺　山縣有朋夫妻の墓所　左が山縣、右が友子夫人の墓

護国寺（東京文京区大塚）本堂裏手の奥まったところにある。同じ護国寺にある三条実美の墓所は隣接する宮内庁管理の豊島ヶ岡御陵を越さない高さに設えられているが、権力者山縣の墓石は護国寺本堂の背後に鎮座することで御陵と寺域全体を睥睨しているかのようだった。この護国寺には大隈重信の墓所もあるが、穿った見方をすれば、あの世に至ってまでもかつての政敵大隈を足下にして監視したいためなのか、と突っ込みを入れたくなる。

その陸軍元帥山縣有朋の墓石は真夏の陽光の中に屹立して存在を示しているものの、墓所入口の木製の門扉が朽ち果て、内部に立ち入ることはできない。意図的に門扉の修繕をしないことで他者を寄せ付けないようにしているかのようである。壊れた門扉から墓所右奥に山縣の墓石を垣間見ることはできるが、全体を撮影しようにも門扉が邪魔をしてカメラのファインダーに収めることができない。が、しかし、護国寺の主のような「墓場オジサン」がカメラアングルに適した場所があるといって案内してくれる。そこは、なんと、山縣の墓所に隣接する大倉財閥の始祖大倉喜八郎の墓だった。

「山縣の墓は中に入れないから、写真撮るならここからがいいよ」

勝手知ったる他人の墓とばかりに大倉喜八郎の墓所の鉄扉を開けてくれる。一応、礼儀として大倉喜八郎の墓に手を合わせて挨拶はしたものの、隣に山縣有朋の墓があるばかりに大倉家もとんだ迷惑を蒙っている。けれども、確かに、「元帥公爵山縣有朋墓」「公爵夫人山縣友子墓」と夫妻で居並ぶ墓を撮影するには、この大倉家墓所は良いアングルとなる。大隈重信と同じく山縣の墓所にも大きな石の鳥居があるが、寄進者は藤田財閥の二代目である男爵藤田平太郎とある。藤田財閥は藤田伝三郎を祖とする長州系財閥として関西を中心に陸軍の仕事を請け負っていたが、山縣が趣味とする贅を尽くした別荘の「椿山荘」を買い取ったのが藤田財閥系である現在の藤田観光である。一本の鳥居が山縣有朋と藤田財閥との関係の深さを証明しているが、「椿山荘」は明治十年（一八七七）に勃発した西南戦争に功績があったとして山縣有朋に下賜された年金七四〇円によって建てられたといわれる。明治時代の七四〇円が現在の価値に勘算してどれほどの額になるのかはわからないが、年金だけでは誂えることはできないほど豪華な別荘「椿山荘」である。吉田松陰の門下に学び、質素を旨とする西郷隆盛とも親しかったという山縣有朋の別荘趣味はどのように評して良いか判断に苦慮する。

西郷隆盛が斃れた西南戦争の直後、大久保利通、大隈重信、伊藤博文という文官も勲一等旭日大綬章を受けているが、大久保が旧加賀藩士の島田一郎たちから斬殺された背景は、薩長藩閥政府に抵抗するということだけではなく、政府高官、高級軍人に高額な年金が出たことにあるとも言われる。そのことは、明治十一年（一八七八）七月二十七日に島田一郎たち大久保利通暗殺犯の処刑が終わった後、八月二十三日に「竹橋事件」が起きたことからもわかる。「竹橋事件」は西南戦争に従軍した近衛砲兵大隊の兵二百余名が給与体系の改善、西南戦争での恩賞を求めて蜂起し、皇居に向けて進軍した事件だった。陸軍、それも天皇を守護する近衛兵が決起したことに陸軍の代名詞である山縣にとって驚愕の事件であったのは間違いない。その決起した近衛部隊の中には後の「閔妃暗殺事件」に関わった旧紀州藩士の岡本柳之助砲兵少佐も混じっていたが、山縣が後々までも長州閥で身辺を固め政治権力を握り続けたのも、陸軍の近衛兵までもが決起した事件に強い危機を抱いたからではと考える。事件は権力者の手によって歴史の闇に葬られたが、さほど、竹橋事件が山縣に与えた影響は大きかった。

山縣は第三代、九代の総理大臣だが、第一回衆議員選挙後の首相でもあった。第一回の衆議員選挙は明治二十三年（一八九〇）七月一日に行なわれたが、この選挙はいわゆる制限選挙であった。有権者は直接国税十五円以上を納税する二十五歳以上の男子に限っており、当時の日本の人口約四千万人に対し有権者約四十六万人と日本国民のわずか一・一パーセントによって国政が左右されるものだった。中江兆民などは国税十五円を納める者だけが日本国民かと制限選挙自体を批判している。「明治十四年の政変」によって大隈重信を政府から放逐した引き換えに国会開設が提示されたが、この国会開設はとりあえず自由民権運動家を鎮めるための方策だったといわれている。自由民権運動家にとって待望の国会開設であったが、記念すべき第一回の議会では軍備の拡大に予算を充てると山縣は宣言し、民党側の「民力休養」「地租軽減」の要求を無視した。このことは民党側の激しい反発を招いたが、山縣は土佐派の片岡健吉、植木枝盛、林有造たち二十九人を買収して政府予算案に同調させている。この山縣の買収劇を見て、制限選挙自体に疑問を呈していた土佐出身の中江兆民は「アルコール中毒」を理由に議員を辞職している。

杉浦重剛（教育者、思想家）も政府側の吏党議員として第一回の議会に出たものの、山縣の買収劇に呆れて議員を辞職してしまった一人である。杉浦は後に山縣と「宮中某重大事件」において直接対決することになるが、この事件は山縣が身辺を長州閥で固めるだけではなく、宮中をも自派閥で固めようとした事件でもあった。「宮中某重大事件」は皇太子時代の昭和天皇の妃として良子女王殿下（香淳皇后）が決定していたものを、山縣が婚約の内定を取り消すという暴挙に出た事件であった。大正九年（一九二〇）、山縣は元老会議で良子女王殿下の血統に色盲があることを理由に婚約破棄を決定し、自身の派閥である一条実輝の娘を婚約者として内定させようとした。この長州軍閥の総帥であり絶対権力者である山縣の対応に杉浦は良子女王殿下の教育係を辞任して抗議すると同時に、マスコミを利用して山縣の専制政治に歯止めをかけようとしたのだった。この事件の背景には良子女王殿下の祖父にあたる中川宮が幕末の長州征伐において軍議に参加したことに山縣が反発したものといわれる。結果として皇太子殿下の妃選びは当初の通り良子女王殿下となったが、議会のみならず宮中をも掌握する山縣に杉浦は身を挺して対抗したのだった。この山縣が形成した長州閥への反発は昭和十一年（一九三六）に陸軍の青年将校たちが決起した二・二六事件にまで連なるほどだったが、反旗を翻したのが再び近衛連隊の将兵であったのはなんとも皮肉な結果である。

政治の中枢から在野に至るまで、あらゆる人々が権力者の山縣詣でをするなか、「俺のところに挨拶に来ないのは犬養（毅）と頭山（満）だけだ」と豪語するほど山縣は日本の中枢機能となっていた。しかしながら、その山縣も大正十一年（一九二二）二月一日に亡くなり、元老、陸軍元帥、公爵としてその葬儀は国葬扱いとなり、二月九日、かつての国会議事堂があった日比谷公園で葬儀が行われている。その葬儀においては一万人分の座席を用意したにも関わらず、参列者はおよそ一千人と異常な少なさであったという。一般には日本陸軍の近代化に貢献した人物と評されるが、大隈の国民葬に比して山縣の国葬における参列者の少なさから晩節は寂しい人であったことがわかる。

山縣は禁止条例や憲兵を繰り出しての自由民権運動弾圧や議会制度を無視した買収劇を展開したが、もしかして、国家を統一するためにあえて自身がヒール（悪役）を演じていたのではと疑念を挟むことがある。夏草に覆われ、朽ちた木製門扉の墓所を見ながら、維新半ばで倒れて行った松下村塾や奇兵隊の先輩諸氏を呼び捨てにした山縣は、日本をどのように仕立て上げたかったのだろうか、ふと、考えこんでしまった。

第六章　近代と文学

本郷のあたり

昭和四十年代（一九六五〜七十四）頃、東海道新幹線に乗ってみるというのが九州方面からの高校の修学旅行の目的のひとつだった。最高時速二一〇キロで走り、東京と大阪を所要時間四時間（開業当初）で結ぶという「夢の超特急」で東京に乗り込むことは当時の日本国民の憧れだったが、反面、その東京での宿泊先は古の香りを残す本郷と決まっていた。その本郷の街は東京大学に関わって成り立っているが、地方の人間からすれば最高学府の街であり、多くの文人に愛された街という印象がある。

《夜となりて他国の菊もかをりけり》

この俳句は宮沢賢治が詠んだものだが、岩手県花巻市から上京し、本郷の下宿に到る闇の路地裏を歩いているとき、どこからか菊の香りが賢治の鼻先をかすっていったのだろうか。植木鉢や盆栽の並ぶ路地が迷路のように続き、仮に正面から猫と出くわしても身体を半身にしなければすり抜けられないほど狭い。そんな本郷の路地奥には樋口一葉、宮沢賢治、石川啄木旧居跡があるというが、地番を確認しながら歩いていても、一瞬、どこに迷い込んだのかと不安になる。

今では行政側が要所、要所に旧居跡の案内板を立ててくれているので迷わずに辿りつくことができたが、訪れたのは真冬の北風の強い日で、厚手のコートに手袋をつけていても、抜けるような青空とは裏腹に吹き抜ける寒風が染み通った。

《褐色《かついろ》の皮の手袋脱ぐ時にふと君が手を思ひ出《で》にけり》

石川啄木の短歌に登場する「君」とは誰なのだろうか、などと思いながら本郷四丁目三十二の三

東京文京区本郷　宮沢賢治下宿跡前の石段と路地　一葉、啄木、賢治も利用した石段なのでは

十一、啄木の旧居跡にも近い一葉の旧居跡を示す地番を求める。この近くに賢治の下宿跡もあるが、一葉の旧居跡を目印にすれば、賢治や啄木の旧居跡に出くわすだろうくらいの軽い気持ちで歩いていた。

ヨーロッパの地図では狭い路地といえども名前がついていて、その通りの右、左に番地が偶数、奇数で振られているので分かりやすいが、日本のおおまかな地番の振り方は分かりにくい。とりわけ、入り組んだ路地を相手にすると迷路になってしまい、この本郷四丁目界隈もそうだった。しかしながら、迷いつつも、明治、大正の文人たちが暮らした土地の風や地の気を感じることは何ものにも代えがたいものがある。コンクリートの住居に変わりつつある本郷とはいえ、密接した住居と住居の間からは生活音が漏れ聞こえてくる。それはテレビのボリュームであったり、工芸品店のミシンの音だったりする。突如、勢いよく水の流れがするので耳を澄ますと、一葉が井戸水を汲み上げるという風流な音ではなく、地下のマンホールから湧き上がる下水の音だった。

《ポンプの水さとほとばしるその如く思ふこと言はば心よからむ》

やはり、啄木はこんな歌を詠んでいるほどだから、この本郷の路地裏のどこかに妻には内緒の思いを遂げたい「君」がいたのだろうか。一葉たちの時代は、共同の井戸に共同の汲み取り便所の時代だが、密集した音に加えて排泄臭や煮炊きをする生活臭がどん詰まりの路地に充満していたのだろう。そんななか、啄木は清涼な心と自身の湧き上がる思いをポンプの水に重ねていたのかと感慨にふける。

ふと、肺結核であった一葉の呟き込むしわがれた声さえ聞こえてきそうな錯覚に陥る静寂も訪れるが、啄木も肺結核で命を落とし、賢治も肺病（記録では肺浸潤）で亡くなっている。昔の本郷は逃げ場を失った結核菌と闘う場所であったのかもしれない。

寒風すら遮ってしまうほどの複雑な路地を歩いていると学生と思しき男性三人が向こうからやってきて、するりと消えてしまった。その消えた先を追ってみると、思った通り、抜け道があったが、それは石段の坂だった。近くに宮沢賢治旧居跡を示す看板が立っていたが、賢治が住んでいた下宿はワンルームマンションに建て替わっていて、往時を偲ぶものとしては建物の反対にある擦り切れた石段だけである。つられるようにそのワンルームマンション横の急な階段坂を上ってみる。賢治は日蓮宗系の在家団体である「国柱会」の会員として奉仕作業に加わるために上京していたのだが、ベジタリアンとはいえ夜はジャガイモと水だけという粗末な食事を摂りながら原稿を書きまくる日々だったという。賢治が入会した「国柱会」だが、満洲事変を画策した陸軍参謀の石原莞爾も会員であり、偶然にも、賢治と同じ時期に入会している。上京中の賢治のもとに妹トシ急病の知らせが届き急いで帰郷した賢治だったが、持ち帰ったトランクには原稿がはち切れんばかりに詰まっていたという。その賢治が住んでいた旧居跡を見下ろす位置に至ると狭い踊り場があり、「炭団《たどん》坂」

東京文京区本郷　宮沢賢治下宿跡に建つワンルームマンション
二階中央付近が賢治の部屋があった場所といわれている

の看板があった。昔、商人が炭を担いで登り降りをした坂ということから付けられたという。

その「炭団坂」を登り切ったところに今度は「常盤館《ときわかん》跡」の案内看板がある。伊予松山出身の学生たちのために建てられた寮の跡だが、俳人正岡子規も一時期、この常盤館の住人であった。日露戦争での日本海海戦で一躍有名になった海軍参謀秋山真之も明治十七年（一八八四）に子規の後を追うように大学予備門入学のために上京し、海軍兵学校入りするが、常盤館は郷里松山の匂いに満ちた心休まる場所だったのではないだろうか。

《ガラス戸の外面に夜の森見えて清けき月に鳴くほととぎす》

これは、常盤館から眺めた風景を子規が詠んだものという。子規と同じ場所に立って景色を眺めると眼下には街並みが広がり、冬の青空が続いている。正岡子規の子規という名前は血を吐くまで泣き続けるホトトギスに例えての自虐的なものだが、「子規」は「死期」にもかけていたのではと思えるほど肺結核に苦しんだ一人だった。陸羯南《くがかつなん》、古島《こじま》一雄（一念）、福本日南（誠）が興した新聞『日本』に子規も入社し俳句を発表することになるが、後に吉田茂の政治指南役になった古島は入社したての子規を書生あがりと軽く見ていたという。明治二十五年（一八九二）の秋、新聞『日本』が政府の圧力で発行停止になったとき、何か一句無いかと古島が皮肉ると子規は即座にこう詠んで返したという。
《君が代や二百十日は荒れにけり》

文学者を育てた杉浦重剛

徳川家縁の墓所は都内に幾つかあるが、なかでも幕末の戊辰戦争で彰義隊が立て籠った上野寛永寺に隣接する谷中霊園は広大である。その谷中霊園に比べると同じ徳川家に連なるとはいえ、傳通《でんづう》院《いん》（東京文京区小石川）の墓地は見渡せるほどしかなく、案内看板もあるので著名人の墓は容易に見つけ出すことができる。傳通院を訪れた土曜日の午後、墓地のどこからか線香の香と煙が流れてくる。澤宣嘉（幕末の七卿落ちの公卿の一人）の墓所を探している時からどこかで人の気配がすると思っていたが、命日にちなんでの参拝者が献じた線香のようである。まるで、この線香の煙が道案内でもするかのように目前に流れてきて、釣られて歩みを進めると、そこに杉浦重剛の墓があった。活けて間もない榊の緑が印象的だが、半分ほど燃え残った線香が周囲を靄に包み、つい先ほどまで、ここに参拝者が居たことがわかる。

杉浦重剛は安政二年（一八五五）に江州（現在の滋賀県）の膳所《ぜぜ》藩士杉浦益太郎重文の次男として生まれている。祖父の杉浦喜十郎は剣道、書道を教え、父の益太郎も膳所《ぜぜ》藩の藩校の教授を務めるという教育者の一家であったが、小石川の白山神社で出陣式を行なった源義家の弟新羅《しんら》三郎義光の後裔が杉浦家になる。藩の教授という家柄もあってか、杉浦重剛は膳所藩から貢進生として東大南校入学を命じられ、英学普通科を卒業するが、続く明治九年（一八七六）には政府から化学知識吸

傳通院　「杉浦重剛の墓」　東京文京区の史跡となっている。墓前には活けて間もない榊、火を点けて間もない線香の束がある

収のためのイギリス留学を命じられている。明治十三年（一八八〇）に帰国すると東京大学理学部勤務を命じられ、明治十五年（一八八二）には東京大学予備門長に就任している。明治十八年（一八八五）には東京英語学校（現在の日本学園中学・高校）を創立、文部省参事官兼専門学校局次長など一貫して教育分野で活躍した人物である。

　この教育者杉浦重剛の一番弟子は古島一雄である。古島一雄は戦後政治の道筋をつけた吉田茂の政治指南役として知られているが、明治十三年（一八八〇）、イギリス留学から帰朝して傳通院前の貞照庵に下宿していた杉浦のもとに預けられている。杉浦は古島に勉学指導を授けることもなく、傳通院の境内で蝉取りをして遊ぶ古島をほったらかしにしていた。しかしながら、さすがの古島も杉浦との共同生活から勉学に興味を抱き、長じては陸羯南、福本日南たちと新聞『日本』を創刊するメンバーとなり、衆議員議員を六期、貴族院議員を一期務めている。新聞人から政治家に転じた古島一雄の自宅には朝日新聞の記者であった緒方竹虎が出入りしていたというが、盟友の中野正剛、古島の勧めもあって緒方も政治家に転身している。古島が吉田茂の政治指南役であれば、緒方は吉田茂の幕僚であったが、杉浦の頃から連綿と続く人のつながりとして面白いと思った。

杉浦重剛には弟子や教え子が多数いるが、大正三年（一九一四）には東宮御学問所の御用掛を命じられ、皇族の教育担当として御進講を務めている。大正七年（一九一八）、良子《ながこ》女王殿下（香淳皇后）の修身教育を受け持つことになるが、このことから杉浦は「宮中某重大事件」の渦中の人となっている。

この杉浦の年譜を見ていたとき、面白い事実に出くわした。それは泉岳寺に眠る高島嘉右衛門が著わした「易経」を英訳していることである。明治十六年（一八八三）、杉浦は高島のもとを訪れ易について教えを乞い、明治二十六年（一八九三）には『高島易断』の英訳を完成させている。科学者としてイギリスに留学した杉浦が占いの世界を研究したことに驚きをかくせなかったが、泉岳寺の高島嘉右衛門の墓前にある説明書きにも「英訳　漢訳して世に出す。」と記してあり、『高島易断』を英訳するほど杉浦の関心を強く惹く何かが易にはあったのだろう。

杉浦重剛は教育者、研究者として知られるが、杉浦の教え子には科学者から国文学者に転じた者がいる。あのJR新橋駅に歌碑がある『鉄道唱歌』を作詞した大和田建樹がその人になるが、もともと生物学を研究する学生だったという。国文学の素養を杉浦によって見出され、国文学者になったという変わり種である。この大和田建樹は『鉄道唱歌』のみならず、明治二十七年（一八九四）の日清戦争で日本海軍の水雷挺が威海衛軍港に魚雷攻撃を仕掛けた軍歌『水雷挺の夜』、明治三十七年（一九〇四）の日露戦争での旅順港閉塞作戦で軍神となった『廣瀬中佐』（文部省唱歌の廣瀬中佐とは別の作品）も作詞している。

山きよく水うるはし近江の湖《うみ》湖ぞひの膳所はよき人生みつ
後の世に国師杉浦先生の精神《こころ》を面かげを傳ふべき書《ふみ》
明治の御代大正の御代に残しまし大き足跡《あしあと》は消えせじ永久《とわ》に
わが若き日英語学校の式場に遥かに先生を仰ぎたりしか
先生の晩年のある日眞白鬚《ひげ》なでつつわが言《こと》に答へまししか

これは、もう一人の杉浦門下生で国文学者である佐佐木信綱が書いた『杉浦重剛先生讃歌』である。佐佐木は唱歌『夏は来ぬ』、軍歌『勇敢なる水兵』なども作詞しているが、『勇敢なる水兵』は日清戦争における黄海海戦で清国北洋艦隊の「鎮遠」が放った砲弾によって戦死した若き水兵の勇敢ぶりを詠ったものである。奇しくも杉浦の二人の弟子が日清戦争、日露戦争に関する軍歌を作詞したことでも分かるように、杉浦自身も日本を取り巻く大陸問題に深く関心を寄せた一人であった。その関心の深さと経歴から杉浦は推挙されて上海にあった東亜同文書院の第二代院長を務めている。この杉浦の影響なのか大学予備門中退後、海軍兵学校に進んだ海軍参謀秋山真之も孫文の中国革命を支援しているほどである。

また、杉浦は明治十五年（一八八二）に東京大学予備門長に任ぜられているが、この時の教え子の一人に、後の文豪夏目漱石がいる。漱石は松山や熊本での教員時代に学生たちのイタズラに手を焼いているが、自身も大学予備門の学生時代はなかなかのやんちゃぶりを発揮し、今で言う校則違反の常習者であったという。大学予備門では「靴の外昇校を禁ず」、つまり靴を履いて登校しなければならないところを漱石は高下駄を履いて校内を闊歩していたという。折悪しく杉浦に見つかったところ、校則違反を咎めるどころか高下駄と靴の底の面積を比較しているのだろうと、杉浦は笑って漱石を見逃したという。漱石の私小説的作品である『坊っちゃん』では松山中学の学生たちが新任の英語教師をからかう場面があるが、学生たちのイタズラに鷹揚と構える風は杉浦の影響だったのかと納得したものだった。

傳通院の杉浦重剛の墓所には「杉浦先生墓道」と墓への道筋を示す石柱が幾本か立っている。これを見た時、いかにこの杉浦が教育者として教え子たちに慕われていたかが窺えるのだが、杉浦が科学者でありながら多くの文学者を育てていることに気づかされる。

傳通院を去る時、本堂脇の檀家集会所に「杉浦家」と書かれた看板が下がっていた。このとき、墓所に立ち昇っていた線香は大正十三年（一九二四）四月十三日に亡くなった杉浦重剛の命日に合わせての杉浦家の墓参であったと気づいた。

傳通院　「杉浦先生墓道」の道標　教え子たちが建てたものなのだろう。散った桜の花びらが彩を添えている

俳人夏目漱石

《柿食えば　鐘が鳴るなり　法隆寺》

これはあまりにも有名な俳人正岡子規の一句だが、この俳句は書道の先生が教え子に朱文字で修正を入れるのと同じような、下地と

なる俳句があった。

《鐘つけば　銀杏散る也　建長寺》

一読すると秋の風情が漂う感じが良く似ているが、この俳句はあの文豪夏目漱石が詠んだものである。『吾輩は猫である』で小説デビューした夏目漱石が俳句を詠むと言うのも不思議な感じがするが、漱石はその生涯に二五〇〇句ほどを詠んだといわれる。漱石の俳句の弟子には熊本の第五高等学校時代の教え子で物理学者の寺田寅彦がいるが、俳句はもともと十七文字の小説ともいわれ、文豪漱石の文章修業は俳句であったことがわかる。

夏目漱石は慶応三年（一八六七）一月五日、江戸の名主であった夏目小兵衛、千枝の間に生まれている。今でも東京新宿区喜久井町近辺で「夏目坂」を冠した建物などを散見するが、文豪夏目漱石の生地にあやかって付けられたものではなく、夏目家の屋敷に面した坂の名前から付いた名だった。漱石は西洋の諺で言うならば「銀のスプーンを銜《くわ》えて生まれてきた」ことになるが、父は五十歳、母は四十一歳の時の子供で、腹違いの姉二人、兄三人の末っ子であったことから早々と使用人であった塩原家に養子に出されている。このことは漱石の私小説ともいうべき『道草』において主人公健三が「みそっかす」扱いされた胸の内を語っていることから、両親、特に父親に対して歪んだ気持ちを抱いて育ったことが窺える。その漱石も明治二十一年（一八八八）には生家の夏目家に戻るのだが、勝手な大人の世界に振りまわされつつも、これはこれで作家としての社会批評の目を養う体験になったのは間違いないだろう。

漱石は明治十七年（一八八四）に入学した大学予備門において、予備門長の杉浦重剛という師に

夏目漱石が通った旧錦華小学校に建つ記念碑　現在の東京千代田区立お茶の水小学校、幼稚園の正門右手にある

出会い、正岡子規（俳人）、山座円次郎（外交官）、南方熊楠（粘菌学者）、山田美妙（作家）、中村（旧姓柴野）是公《よしこと》（満鉄総裁）という友人に恵まれている。まるで、幼少時代の複雑な淋しさを一挙に解消させた感があるが、特に正岡子規との関係は「日本の文学を改革する」という革命同志的な関係であった。子規と漱石は俳句の師匠と弟子の間柄にも似たものがあったが、漱石は子規亡き後、『ホトトギス』を継承した高浜虚子の勧めで明治三十七年（一九〇四）暮れから『吾輩は猫である』を書き、掲載された一月号で読者から絶大な人気を得、一躍人気作家としてデビューすることになる。その後も明治三十九年（一九〇六）九月の『草枕』、十月の『二百十日』、明治四十年（一九〇七）一月の『野分』と精力的に作品を発表している。この『草枕』と『二百十日』は第五高等学校教員時代の同僚山川信次郎と熊本の小天《おあま》温泉、阿蘇山を旅行したときのものだが、それぞれの旅においても漱石は句を詠んでいる。

《温泉や水滑らかに去年《こぞ》の垢》
《灰に濡れて立つや薄と萩の中》
《行けど萩行けど薄の原広し》

漱石作品の面白さは自身の経験と実在の人物をモデルにするところにあるが、熊本第五高等学校の教え子である寺田寅彦は『吾輩は猫である』に、大学予備門時代の友人である山座円次郎は『虞美人草』にからませている。知人の前田案山子《かかし》の娘である卓《つな》は『草枕』のヒロイン「那美さん」として登場しているが、この卓の妹ツチ（槌）が孫文の革命を支援した宮崎滔天の妻というのも面白い人間関係である。ときには『吾輩は猫である』に登場した奇人多々羅三平のモデル股野義郎と問題を起こしもしたが、後には南満洲鉄道の社員として大連に住む股野と再会し旧交を温めている。これら作品のモデルとなる人々との交際から近代文明の意味を問い、近代化の意義と功罪を漱石は考え続けていたが、それはやはり、明治三十三年（一九〇〇）十月二十八日から始まったイギリス・ロンドンでの二年間に及ぶ留学体験の影響が大きい。近代化の波において大英帝国の強靭な姿に驚きもした漱石だが、その負の遺産ともいうべき煤煙という公害、貧困格差にあえぐ労働者、そして、ナショナリズムを発揮したくとも発露できない矮小な日本人である自身に悩み、異国で一人苦しみ抜いていた。外国生活において最も頼りになるのは人種、国籍、身分を問わず公平に対応してくれるキャッシュだが、古書籍を大量に買い込む漱石の懐は潤沢とはいえなかった。文明批評にホームシックも加わり、孤独なロンドン生活はいつしか漱石の精神を蝕んでいった。明治三十六年（一九〇三）一月、およそ二年間のロンドン留学を終えて帰国した漱石は神経を病み、在籍していた熊本の第五高等学校も辞任している。しかしながら、その翌年末から書きはじめた『吾輩は猫である』が大ヒットしたことで精神と日常生活の安定を得ることができたが、欧米列強がもたらす文明開化の意義については夢野久作同様、作品を通して世に問い続けていたのである。

明治四十二年（一九〇九）九月、「ぜこう（中村是公）」「金ちゃん（漱石の本名夏目金之助）」と呼び合う仲である南満洲鉄道総裁の中村是公《よしこと》の招きで漱石は満洲（現在の中国東北部）、朝鮮の旅に出ている。ロンドンでは矮小な日本人としてコンプレックスを抱いていた漱石だが、日露戦争の激戦地旅順を巡り、猥雑な民族が混在する満洲平野で日本人管理の南満洲鉄道に乗り、どのような文明批評の作品構想を練っていたのだろうか。

大正五年（一九一六）十二月九日、現代からすれば四十九歳という短い生涯を漱石は閉じた。胃腸の病に苦しめられながらもその危篤状態において「何か食べたい」と漱石は食欲旺盛ぶりを示したというが、その姿は何やらユーモラスでもあり、健啖家の親友正岡子規の姿さえ彷彿とさせる。いずれにしても、子規との「日本の文学を改革する」という試みが成功したことは後世の日本人の間で漱石作品が読み継がれていることからも窺い知れる。

翻訳家正岡子規

《ハルカゼヤ　アマコマハシル　ホカケブネ》
《イナヅマノ　カイナヲカラン　クサマクラ》

近年、最も短いポエムとして俳句を楽しむ外国人が増えてきたが、冒頭の句は世界で初めて俳句を詠んだオランダ人ヘンドリック・ヅーフ（Hendrik Doeff）のものである。彼は一七九九年（寛政十一）から一八一七年（文化十四）の長きに渡り日本に滞在していたが、オランダ商館の代表として来日したものの母国オランダがフランスに占領されて帰国できず、仕方なく日本に滞在していたのである。その間、長崎のオランダ通詞たちと和蘭辞書編纂などをして過ごしたが、俳句まで詠める日本語能力の高さに驚く。さらに、「アマコマ（あちこち）」という沖縄の方言までをも駆使しているところに、ヅーフの言語能力の高さを窺い知ることができる。従来、外国人にとって日本語は難しく理解できないというのが定説だったが、到底あてはまらないことをヅーフは証明している。

《The old mere! A frog jumping in, The sound of water.》

ヅーフが俳句を詠んだことを知って外国人にも俳句を普及させたかったのかどうかは判断できないが、正岡子規は松尾芭蕉の「古池や蛙飛び込む水の音」を逐語訳している。

《Being sick in the way, Through the field go dreams (a) stray.》

「旅に病で夢は枯野をかけ廻る」

《The summer grasses! A trace of the soldiers' dreams.》

「夏草や兵共がゆめの跡」

《If speak, The lips are cold. The wind of autumn.》

「物いえば唇寒し秋の風」

子規は芭蕉の句を次々に訳しているが、さらに「The Violet（菫）」という、英詩も作っている。

The Violet
To kiss the violet's lips
In bed of grass I've lain
And cover'd her with sleeves,

A night shelter from rain.

俳人正岡子規に対しては「日本の文学を改革する」と宣言するほどガチガチの和文、漢文の輩という先入観があったが、俳句の逐語訳、英詩を作詩する軟らかい発想を持った文人であったことに認識を新たにした。

正岡子規は慶応三年（一八六七）九月十七日、松山藩士族の息子として現在の愛媛県松山市に生まれている。江戸の名主の息子として生まれた夏目漱石も慶応三年の生まれであるが、子規も漱石も同級生として明治十七年（一八八四）に大学予備門に入学している。江戸っ子の漱石に比して子規は生粋の田舎者であり、《世の人は四国猿とぞ笑ふなる四国の猿の小猿ぞわれは》と田舎者を自負しているが、この四国の田舎猿と江戸っ子の漱石とでは大学予備門入学当初接点が無かったようである。しかしながら、急速に互いを近づけて行ったのは学業の合間に通った寄席での出会いだった。四国猿と江戸っ子という異なる環境でありながら、「笑い」の奥底に潜むコンプレックスや悲しみを知りえる寄席仲間としてであった。

漱石は俳誌『ホトトギス』によって小説という創作活動の場を得たが、子規の場合は新聞『日本』という発表の場を得たことが世に出るきっかけとなった。この新聞『日本』に子規が入社できたのは叔父の加藤恒忠（拓川）を介して新聞『日本』の陸羯南を知ったからだが、陸と加藤はともに司法省学校時代の同級生であり、他にも陸の同級生には福本日南（誠）、原敬（後の首相）などがいた。この時代、若者が親類縁者を頼って上京するのは世の常であり、陸の下にも故郷津軽から山田良政（孫文の革命に参加して戦死）が世話になっていたが、子規も陸を介して山田を見知っていたかもしれない。

子規は明治二十五年（一八九二）十二月一日に新聞『日本』に入社しているが、創業メンバーの一人である古島一雄から書生上がりと見られ、俳句は「チョンノマ文学」と揶揄されていた。とは言いながら、古島自身、子規のポイントを突いた社会風刺の俳句を認めていた節があり、十七文字に凝縮された表現力に嫉妬していたのかもしれない。

東京文京区本郷　炭団坂　左手の建物のところが正岡子規も下宿した常盤館跡

その子規も明治三十五年（一九〇二）九月十九日に三十五年の短い生涯を閉じてしまう。その原因は結核だったが、最初に吐血したのは明治二十二年（一八八九）五月九日の事である。伊予松山出身者の学生寮「常盤館」でのことだったが、本郷の炭団坂を登り切ったところにある「常盤館」の跡地から街並みを眺めた時、コートの上からでも強い北風に煽られ急激な寒さを覚えた。南国育ちの子規が乾燥した冷たい風に身を晒していたのかと思うと、風邪どころか結核菌の餌食になったのもわからないでもなかった。

《卯の花の散るまで鳴くか子規《ほととぎす》》

初めて吐血した季節は卯の花の頃、自身の生まれ年である卯（うさぎ）にかけ、死ぬまで血を吐き続けて鳴くホトトギスにかけているが、不治の病に罹ったことを悟った瞬間でもあった。
それでも、この子規の周囲には多くの友人たちが集ったが、活躍の場を海外に求めて飛躍する友人との別れは死期を悟っているだけに、羨望とともに抑えがたい悲しみが含まれていた。
《熱い日は思ひ出だせよふしの山》
これは、一時期、下宿を共にした同郷の秋山真之が明治二十六年（一八九三）に戦艦「吉野」回航要員で英国に向かう際に贈った一句。海軍士官として外国に赴く秋山を羨ましく思いながら、「ふし（富士）の山」に「不死」を掛けて親友の前途を案じる子規の思いが表現されている。
《君を送りて思ふことあり蚊帳に泣く》
やはり、明治三十年（一八九七）八月、秋山真之が米国に留学するときに詠んだ歌である。この「泣く」という言葉が句の中に混じっていることに、もう二度と生きて会える事は無いかもしれない、死期が確実に迫っている、そう子規が予感していることが窺える。
反面、遠方にいる友人が上京してきた時の喜びは一入で、
《漱石が来て虚子が来て大三十日》
《足柄はさぞ寒かったでござんしょう》
《何はなくこたつ一つを参らせん》
と、年末、お見合いで帰京した漱石が訪ねてきた喜びを存分に表現している。「寒かったでござんしょう」と江戸言葉でもてなす子規の茶目っ気さえ含まれている。

翌明治二十九年（一八九六）一月三日の「発句始」は虚子、漱石、鷗外という豪華メンバーが参加してのものだったが、子規の意識からすればまさに「一期一会」の句会である。

《世の人はさかしをらすと酒のみぬ　あれは柿くひて猿にかも似る》

子規は一度に柿を十個も食べるという大食いぶりだったが、まさに猿の仕業である。万葉歌人で大酒飲みの大伴旅人の歌をユーモアでくるみ四国猿ぶりを誤魔化したのだろうが、九月十九日の末期の枕頭に好物の柿の実は届いたのだろうか。

第七章　近代と事件

「浦上四番崩れ」

傳通院《でんづういん》（東京文京区小石川）の正式名称は無量山傳通院寿経寺、浄土宗の寺である。「傳通院のあゆみ」と書かれた案内看板を読むと開山は応永二十二年（一四一五）、浄土宗第七祖了誉聖冏上人《りょうよせいけい》によって開かれ、開山当時は小さな草庵だったたという。応永二十二年といっても咄嗟にどんな時代か思い浮かばないが、室町時代第四代将軍足利義持の時代になる。その足利義持の一代前の将軍が義満だが、応永四年（一三九七）に金閣寺を建立し、明（中国）の国書を受けての日明貿易を盛んにしている頃である。了誉聖冏上人が都から遠く離れた東国に庵を求めたのは、絢爛豪華な禅寺が幅を利かせる京の都を避け、仏教の原点を求めての布教拠点にしたかったからではないだろうか。

慶長七年（一六〇二）八月二十九日、徳川家康の生母である「お大の方」が亡くなり、それを縁に傳通院は徳川家に関係のある菩提寺となった。傳通院という寺の名前に聞き覚えがあったのは、徳川家康の生母「お大の方」の墓所があるだけではなく、家康の側室於奈津、二代将軍秀忠の長女千姫、三代将軍家光の正室孝子、次男亀松君の墓所もあるからだった。しかし、「火事と喧嘩は江戸の華」と言われるように、この傳通院も享保六年（一七二一）、享保十年（一七二五）、明治四十三年（一九一〇）と三度の大火に見舞われ、さらには大東亜戦争の最中、アメリカ軍の無差別爆撃によって灰塵に帰した。訪れた時、山門をコンクリートで建設中だったが、歴史ある寺も現代的な味気の無いものになるのかと思った。しかしながら、度重なる火事や空襲に見舞われたならば、コンクリート造りに変わるのも仕方のないことなのだろう。

その徳川家ゆかりの傳通院を訪れたのは、公卿の澤宣嘉《さわのぶよし》の墓を確認したかったからである。何故、

傳通院　澤宣嘉の墓　氏名の頭に特命全権公使贈正三位と彫られている

徳川家縁の寺に尊皇攘夷派公卿澤宣嘉の墓が有るのか不明だが、澤宣嘉は天保六年（一八三六）十二月二十三日、姉小路公遂《あねのこうじきんすい》の五男として生まれ、後に澤為量《さわためかず》の養子として澤家を継いでいる。公卿にしては珍しく、幼いころから剣術、馬術に優れていたというが、物心付く頃には欧米列強が開国を求めて盛んに日本に押し寄せてきており、時代の空気として到来する騒動に備えての剣術修行だったのかもしれない。その澤宣嘉の名前が後世にまで刻まれることになったのは新政府での外務卿であったこともさることながら、三条実美を筆頭とした「七卿落ち」の一人に名を連ねたことが大きい。文久三年（一八六四）八月十八日、公武合体派（会津藩、薩摩藩）のクーデターにより尊皇攘夷派公卿の三条実美、三条西季知、東久世通禧、四条隆謌、壬生基修、澤宣嘉、錦小路頼徳の七卿は京の都から放逐され長州へと落ちて行った。もともと、薩摩藩と共に公武周旋を図っていた長州藩だが、攘夷派の三条公と結んだことにより幕府の攘夷決行を渋る態度に反発し、公武合体派と対立した結果だった。王政復古後の慶応四年（一八六八）、澤宣嘉は明治政府の参与に就任し長州閥の井上馨を参謀に九州鎮撫総督として長崎奉行所を鎮圧している。その後も長崎府知事となり、明治二年（一八六九）には外国官知事、外務卿を歴任しているが、「七卿落ち」によって官位を剥奪され、石もて追われた尊皇攘夷派公卿とは思えぬ出世ぶりである。

その澤宣嘉が九州鎮撫総督、長崎府知事として長崎に着任した時、「浦上四番崩れ」という事件が起きている。これは、元治元年（一八六四）、開国にともない長崎にやってきたフランス人宣教師が大浦に天主堂を作り、そこに浦上地区の隠れキリシタンが集まったことに対する宗教弾圧である。戦国末期から数えて四番目のキリシタン弾圧になるために「浦上四番崩れ」と呼ばれているが、この弾圧は慶応四年（一八六八）から明治二年（一八六九）にかけて行われている。尊皇攘夷派公卿であり外国人嫌いの澤宣嘉はキリシタン弾圧に拍車をかけたが、長崎での治安実務を取り仕切る大隈重信は諸外国からの反発を懸念して、澤の行動を慰撫するのに随分と苦慮したといわれる。

鎖国後の正保四年（一六四七）、ポルトガル船が再度の交易を求めて長崎に寄港した。いわゆる「長崎黒船来航事件」と呼ばれるものだが、これ以来、幕命により一年交代で佐賀藩と福岡藩が長崎港警備を受け持つことになった。この長崎港警備のために福岡藩兵は長崎に駐屯していたが、その福岡藩預かり地が隠れキリシタンの住む浦上地区だった。そのため、隠れキリシタンの処遇は福岡藩に一任され、福岡城下の源光院という寺院にキリシタンを収容することになった。源光院は現在の福岡市中央区の西公園近くというが、この収容所に送られるキリシタンの中で歩行が困難な年寄り、病人、子供は俵に放り込んで荷物として送られたという。さらに、収容所となった源光院でも棄教を求める拷問が行なわれ、親の面前で子供に殴打を繰り返し加えるという過酷なものだった。

この源光院は明治三年（一八七〇）に起きた福岡藩の太政官札贋札事件で罪に問われた藩役人の牢獄にもなったが、拷問によって死んでいった隠れキリシタンの亡霊に藩役人たちは苦しめられたと伝わっている。

このキリシタン弾圧の「浦上四番崩れ」を主導した澤宣嘉は後に明治政府の全権公使としてロシアに赴任する予定だったが、明治六年（一八七三）九月二十七日に三十七歳という若さで急死している。この時、榎本武揚が澤の代わりにロシア公使として赴任しているが、尊皇攘夷派公卿の澤、函館五稜郭に立て篭もって政府に抵抗した榎本と、まるで立場が入れ代わっているのもこの時代の変革の激しさを象徴している。今では東京文京区の指定史跡になっている澤宣嘉の墓を見ながら、澤の突然死はキリシタン怨霊の仕業なのではと思ってしまった。

ともあれ、長崎府知事としてキリシタンを弾圧した澤も政府の意向が働いたのか外務卿就任に伴い東京に移り、明治二年（一八六九）十月、太政官に鉄道建設の意見書を提出している。同年の十一月には三条実美の邸において岩倉具視、澤宣嘉、大隈重信、伊藤博文、イギリス公使のハリー・パークス、その通訳としての井上勝などが集まっての鉄道敷設が正式に決定され、日本の文明開化が押し進められていくのである。長崎でのキリシタン弾圧に強く抗議したイギリス公使のハリー・パークスだが、異国人の乗り物である鉄道敷設を推進する澤宣嘉を目の前にして、どのような感想を抱いたのか本音を知りたいところである。

「生野の変」

寛永十五年（一六三八）二月二十八日、幕府の総攻撃で三万八千人余のキリシタンの命と引き換えに「島原の乱」は終結した。以後、日本国内でのキリシタンによる騒動は鎮静化したが、「浦上四番崩れ」によってキリシタンが二百年以上も地下で信仰生活を送っていたことに驚く。澤宣嘉のキリシタン弾圧は執拗であったが、その拷問で亡くなったキリシタンの亡霊が漂ったという源光院は福岡市中央区の西公園に近い。奇しくも澤宣嘉と関係が深い福岡脱藩浪士平野國臣の銅像があるのも西公園だが、これも何かの因縁なのだろうかと訝ってしまう。

文久三年（一八六三）八月十七日、尊皇攘夷派の中山忠光卿が大和挙兵を図った。その翌日の十八日には尊皇攘夷派公卿のリーダーである三条実美たち七卿はいわゆる八月十八日の政変によって長州へと落ちて行った。幕末期、迅速な通信手段が発達していない中での暴挙が尊皇攘夷派に多かったが、これは意思疎通の手段が未発達であったことに加え、公卿間に手柄争いが生じていたからかもしれない。福岡脱藩浪士平野國臣などは中山忠光卿の挙兵を止めに大和に向かったものの説得に失敗し、その後、澤宣嘉や長州の奇兵隊士等とともに兵庫県朝来市にある生野代官所を襲撃した。いわゆる「生野の変」と呼ばれるものだが、この生野の代官所は織田、豊臣の時代から銀山を管理する役所であったため、澤や平野の隠れた目的は幕藩体制の撹乱とともに銀塊を奪うためでもあったようだ。しかしながら、幕府管理の生野代官所襲撃は失敗に終わり、澤宣嘉は長州に逃げ込み、平野國臣は幕吏に捕えられ京都六角の獄舎につながれた。元治元年（一八六四）七月十九日、平野國臣の師である真木和泉守保臣は長州兵とともに京に攻め込み、長州藩の毛利父子の冤罪を解き、長州藩の復活直訴に及んだ。いわゆる、「禁門の変」（蛤御門の変）と呼ばれる騒動だが、本来、薩摩と長州が同盟を結ばなければ倒幕は不可能と主張していた真木が長州単独での武力行動に加担した背景は、師弟関係にある平野國臣を六角獄舎から救い出したいという気持ちがあったからではないだろうか。しかしながら、その禁裏を囲む騒動が原因で平野は逃亡の恐れありとして京都六角獄舎で殺されているのは、皮肉な結果としか言いようがない。

話は少しずれるが、戦後政治を主導した吉田茂の政治指南役であった古島一雄（一念）だが、その古島の祖父が「生野の変」での平野を庇護したという話が残っている。その古島一雄は傳通院に下宿する杉浦重剛に預けられ、長じて新聞『日本』創刊に尽力するが、杉浦の薫陶を受けたことでジャーナリストとしての感覚を磨かれている。古島は後に福岡藩士族が興した玄洋社系の『九州日報』の社長兼主筆になるが、「生野の変」に関わりが有る古島と平野が属した福岡藩との不思議な巡り合わせに驚くばかりだった。

《わが胸の燃ゆる思いにくらぶれば煙はうすし桜島山》

尾崎士郎の名作『人生劇場』において、鹿児島出身の新海が女に惚れたと告白する前置きとして使った歌だが、長く読み継がれてきた『人生劇場』の影響からか、恋の歌と思われている。実際は尊皇攘夷の心意気を桜島にたとえて平野國臣が詠んだものだが、平野は福岡藩の尊皇攘夷思想の指導者であり歌人の野村望東尼から和歌の指導も受けたこともあるだけに、なかなか秀逸である。

この平野國臣は筑前福岡藩の下級藩士の次男坊として生まれたが、幼いころから才気煥発、ガキ大将で優等生、嘘か誠か、五歳で百人一首の大半を暗記していたという。参勤交代で江戸に向かう藩主黒田長溥《ながひろ》に討幕の兵をあげるように進言し、その情熱は桜島の噴煙の如く熱いものがある。しかしながら、藩主に藩政の意見をした罪で福岡の獄舎に放り込まれ、その獄舎では牢外との通信を遮断するために筆を取り上げられていたものの、野村望東尼からの励ましの手紙に「こより文字

（こよりを文字形にしての手紙）」で返書を認めるという辛抱強さも持っている。野村望東尼の庵である「平尾山荘」（現在の福岡市中央区平尾）には福岡亡命中の高杉晋作が匿われていたが、平野はここで密談に訪れた薩摩の西郷隆盛とも知己の関係になっている。平野の國臣という名前の由来は徳川幕府でも福岡藩でもなく、自身は国の臣下であるとして國臣と名乗るほどの勤皇の志士だった。

野村望東尼を介しての志士の付き合いだけではなく、平野は筑後の水田天満宮（現在の福岡県筑後市）に蟄居中であった真木和泉守保臣を訪ねて親交を深めているが、真木を訪ねてきた清河八郎とも意気投合し、動きのとれない真木の代わりに尊皇攘夷のアジテーターとして日本各地を飛び回ることになった。

《みよや人　嵐の庭の　もみちはは　いつれ一葉も　散すやはある》

京都六角の獄舎にいるときに詠んだといわれる平野國臣の辞世の歌だが、さらに、こんな漢詩も残していた。

《夏國十年　東走西馳　成否任天　魂魄帰地》

平野國臣は福岡の地行（現在の福岡市中央区今川）の生まれだが、平野が漢詩に詠んだ「魂魄帰地」はやはり福岡の地なのだろうか。それとも、「生野の変」で身を挺して守り抜いた澤宣嘉の墓なのだろうか。

平野國臣の銅像がある西公園に近接して福岡市博物館があるが、ここには平野が吹いていたという横笛が二本展示してある。薩摩錦江湾で西郷隆盛が勤皇僧月照を抱いて入水したとき、その背後で平野が横笛を奏でていたというが、その時の笛かどうかは知らない。

東京日野市　大昌寺山門　右の寺標には浄土宗三鷲山大昌寺と彫られている

清河八郎暗殺事件

コンクリート造りのお寺に変貌しているとはいえ、浄土宗のお寺が持つ雰囲気はどこか似ている。浄土宗の本山である京都の知恩院を訪れた時もそうだったが、徳川幕府の天領であり新撰組の故郷でもある東京日野市の浄土宗大昌寺を訪れたときにも、傳通院の持つ雰囲気とどこか似ていると思った。日野市の大昌寺も葵の御紋が屋根瓦に輝いていたが、その御紋の威光だけではない浄土宗独特の雰囲気というものがあるのだろう。幕末、この傳通院では新撰組の基礎となる浪士隊が清河八郎によって結成されたが、大昌寺には新撰組の近藤勇を支援し、土方歳三の義兄になる佐藤彦五郎の墓所がある。清河八郎と近藤勇、尊皇と佐幕の意見が対峙する以前の時代、傳通院も大昌寺もさぞかしのどかな時間が流れていたのだろうと想像する。

平野國臣の「生野の変」、真木和泉守保臣の「禁門の変」と、師弟関係にあった両者が無謀ともいえる決起に身を投じたのは、親交を結んでいた清河八郎が暗殺されたことにあるのではないかと考える。公武合体派との闘争の中、政治的に追い詰められていく尊皇攘夷派であったが、自ら捨て石となることで平野も真木も全国の志士の覚醒を望んでいたのかもしれない。真木は久留米藩の藩政改革の混乱を招いたとして筑後の水田天満宮に蟄居を命じられていたが、文久元年（一八六一）九月、福岡脱藩浪士である平野が真木の蟄居先を訪ねてきたことを発端に尊皇攘夷決起に動かされる。平野は万延元年（一八六〇）三月三日の「桜田門外の変」に繋がりがあるとして福岡藩から追求を受けていた最中のことだったが、平野が真木を訪ねて三ケ月ほどした頃、清河八郎も真木の寓居を訪ねてきている。身動きの取れない真木の代わりに平野が諸国の志士と連絡をとっていたが、

傳通院　清河八郎の墓　東京文京区の史跡となっている清河八郎の墓

清河が加わることで朝廷を君主として仰ぎ、その臣下であるとしての人間的結びつきが真木を中心に平野と清河の間に出来上がったともいえる。傳通院は清河八郎の墓所があることでも知られるが、「生野の変」で決起した澤宣嘉と佐幕派から暗殺された清河八郎の墓が同じ寺の墓所にあることの接着剤として、やはり、平野國臣の存在は欠かせない。生前の平野は尊皇攘夷のアジテーターであると同時に人と人とを結びつけるコーディネーターの役割を担っていたのではないだろうか。

その清河八郎の墓所はさほど広くも無い傳通院の墓石群の中でもさらに見つけやすい場所にあり、文京区の史跡としての立派なステンレス製の案内看板も立っていた。清河八郎は天保元年（一八三〇）に現在の山形県にあたる庄内藩清川村

の裕福な郷士の家に生まれた。嘉永四年（一八五一）には剣術修行として江戸の千葉周作道場に入門し、安積艮斎門下で儒学を学んでいるが、安積門下の仲間には日米修好通商条約批准でアメリカに渡り、通貨交渉を行なった幕臣の小栗上野介《おぐりこうずけのすけ》がいる。この清河八郎の生まれ育ちの環境、北辰一刀流の千葉道場とくれば土佐郷士の坂本竜馬の姿に重なるが、道場は異なるものの、同じ北辰一刀流として清河は坂本の兄弟子にあたる。一時期、坂本竜馬と竹刀を交えたこともあったとのことで、清河が上手であったと伝えられている。

さらに、この清河八郎と坂本竜馬の共通点としては日本全国を頻繁に飛び回っていることにある。清河は文久元年（一八六一）に九州方面を旅し、その際に九州で頼むべき人は真木和泉守保臣と耳にして筑後の水田天満宮の山梔窩《くちなしのや》を訪ね来たのだった。ここで平野國臣と知り合うことになったのは先述のとおりだが、君（朝廷）の臣下であるとして平野が「國臣」と名乗ったところは清河八郎の意識も同じであった。その清河の君の臣下としての意識の表れは、文久三年（一八六三）二月二十三日に浪士隊を結成して京都の壬生に向かったことだろう。この浪士隊は京都市中の治安維持のために浪士を募ったものだが、傳通院の処静院に近藤勇、芹沢鴨などおよそ二五〇名もの浪士が集まったという。現在、処静院のあった場所は民家に変貌しているが、傳通院山門脇に文京区史跡を示す看板がある。

京都市中の治安維持のための浪士隊とはいえ、尊皇派の清河八郎と徳川家の天領で育った近藤勇の意見は対立し、近藤は京都守護職であり会津藩主松平容保の信任を得て新撰組を組織して京都に留まることになる。近藤勇、土方歳三たちの故郷は現在の東京都下の調布市、日野市になるが、ここは幕府を開いてからの江戸市中への食材供給地であった。物価安定のために農業地帯を天領にするところが幕府の発想のおもしろいところであるが、同時に甲州街道日野宿としてこの地域は産業交通の要所でもあった。幕末、幕府勢力の衰えとともに日野地区の治安が乱れ、その治安維持の若者を養成するために日野宿脇本陣を経営していた名主佐藤彦五郎が自宅に剣道場を開いたが、この道場に近藤勇、佐藤彦五郎の義弟土方歳三たちが剣の修行に集まってきていた。武士階級ではない

東京日野市　日野宿本陣跡　ここに近藤勇、土方歳三、沖田壮士が集って剣の修行に励んだ

東京日野市　石田寺　土方歳三の墓、右の写真立てがあるもの

東京日野市　土方歳三資料館　土方の子孫の個人住宅に併設されており、土方が使った木刀、家業の薬草店に関する品々もある

ものの、彼らは天領に育った身として幕府への恩義を感じ、京都の治安維持部隊である浪士隊徴募に応じたのだった。徳川の臣下を自認する近藤勇に土方歳三、君（天皇）の臣下を自認する清河八郎とでは初めから意見が対立するのは明らかだったが、この対立から近藤たちを京都に残して清河は江戸へと舞い戻っている。幕府を通じての勤皇を考える近藤や土方にとって清河の思想は理解されず、幕府に対する敵として文久三年（一八六三）四月十三日、清河は佐幕派の佐佐木唯三郎によって斬り捨てられた。

不思議なことに、人は自身の死期を悟るのか、清河は暗殺直前に親しく付き合いのあった高橋泥舟、山岡鉄舟の夫人に歌を残している。

《魁（さきがけ）てまたさきがけん死出の山　まよひはせまで皇（すめらぎ）の道》

《砕けても砕けても寄る波は　岩角をしも打砕くらし》

《君はただ尽くしませおみの道　いもは外なく君を守らん》

佐佐木唯三郎によって惨殺された清河の遺体は同志の石坂周造によって首が落とされ、尊皇同志の連盟状とともに持ち帰られた。首が敵の手に渡ることは武士の恥と考えられていた時代の機敏な石坂の仕業だが、高橋泥舟の仏師でもある傳通院処静院淋瑞《りんずい》律師の計らいで清河の首は傳通院の墓所に葬られることになった。この時、清河を幕吏の捕り手から守り、拷問の末に亡くなった愛妾「お蓮」の墓も清河と同じところに設けて弔ったという。皮肉なことに清河暗殺を謀ったのが安積艮斎門下の同門、江戸南町奉行でもあった小栗上野介だったという。倒幕戦争の最中、さしたる理由も無く官軍によって小栗は処刑されたと伝わっているが、このことは、清河八郎暗殺に対する報復措置であったという。

日清貿易研究所（上海にあった後の東亜同文書院）を開いた荒尾精の墓参のために谷中の全生庵を訪れたとき、全生庵の創建者である山岡鉄舟の墓に詣でなければいけないと思い山岡の墓前に進んだ。すると、山岡の墓を正面に見て左に石坂周造の墓がある。同志である清河八郎が刺殺された際、遺体から清河の首を切り落とし、懐から連盟状を取り返した男である。平野國臣と同じく国（君）の臣を任じる清河だったが、明治天皇の侍従も務めた山岡にすれば維新の陰には官も賊も関係なく、大業に倒れた多くの人々は等しく天皇の赤子として慰霊すべきと考えていた。傳通院に眠る清河八郎に関連して全生庵を訪ねたのだが、山岡の墓前で頭を垂れ、石坂の墓にも手を合わせたとき、維新の大業というものは極めて大きな視点で見なければならないことを実感したのだった。

谷中全生庵　山岡鉄舟の墓

大隈重信襲撃事件

《四《よつ》足のネコが密かに通りゆく大隈公の堅き墓石《いし》》

普段、歌など詠む習慣はないが、護国寺山門脇にある窪田空穂の短歌に触発されたのか、ふと口を突いて出てきた一首である。護国寺を訪ねた当初の目的は大隈重信の墓を確認するということだったが、大隈の墓所に足を踏み入れた際、一匹の猫が恐れる風も無く墓前を静かに通りすぎて行く様がおもしろかった。

明治二十二年（一八八九）十月十八日、大隈重信は不平等条約改正案に反対する玄洋社の来島恒喜《くるしまつねき》に襲撃された。一命はとりとめたものの、来島が投じた爆裂弾によって右ひざから下の足を失い、その後は義足での生活を余儀なくされている。来島が大隈を襲撃した背景は、世論を無視して大隈が強引に進める条約改正案を阻止するためだった。大隈を襲撃した来島自身は筑前福岡藩士の末裔として捕吏の手にかかるのを恥じ、直後に事件現場である外務省門前で右の頸動脈を短刀で切って自決している。墓前を通りすぎるネコを見て、四本も足があるのなら一本くらい分けろ、などと大隈がネコをからかっている様を想像したが、音もなく忍び寄るネコに来島の姿を重ね、頑丈な石に変化しているにも関わらず恐怖を感じて大隈が思わず身をすくめるのではとも連想してしまった。

近年、「墓マイラー」と称する著名人の墓参を趣味とする方が増えている。それは主に夏目漱石や新撰組の土方歳三など歴史に名を残す有名人が多い。この「墓マイラー」とともにまるで、故人の末裔か身内の如く、著名人の来歴について墓の前で長々と講釈してくれるのが「墓場オジサン」である。この護国寺にも墓場オジサンがいて、境内の鐘楼脇の東屋で日がな一日来訪者に墓の解説をされているが、この方は国会図書館などで調べたという手作りの資料まで分けてくれて親切だった。

今回、この護国寺を訪れたのは本堂脇にあるという大隈重信の墓所を確認するためと告げると、それですよと、指差される。早稲田大学が寄贈した大きな石の鳥居が本堂の右手脇にあり、それが、大隈重信の墓所という。オジサンが言うには、墓所の中に犬養毅や尾崎行雄という「憲政の神様」の名前が刻まれた灯篭もあるという。興味を示すと、「行ってみましょうか」とオジサンが先頭に立って案内してくれた。まるで、護国寺専属の寺男の如く、高く頑丈な鉄柵で囲われた大隈の墓所の門扉を慣れた手つきで開けてくれる。二世帯住宅が優に二つ三つ建てられるほどの敷地の奥に大隈重信の墓があったが、同じ敷地には大隈の身内の墓もある。その外観をカメラに収めている時、

護国寺　大隈重信の墓所　「従一位大勲位侯爵大隈重信墓」と彫られている　悠然とネコが墓前を通り過ぎる様が面白い

護国寺　大隈重信の墓所にある二基の燈籠

先述のネコが大隈の墓前を音もなく横切っていったのだった。「従一位大勲位侯爵大隈重信墓」と彫り込まれた大きな墓石のある敷地は相当数のネコを放り込んでも余りがあるほどだが、大隈の従一位大勲位侯爵という勲位と爵位は護国寺に住みつくネコたちを守る護符になっているのだろうか。

「ここのネコは近寄ると逃げるけど、カメラには驚きもしない」とカメラ目線のネコをオジサンはからかうが、「それですよ」と言って、右手を指し示してくれ、そこに古く大きな灯篭が二基並んでいた。

犬養　毅（内閣総理大臣）
尾崎行雄（東京市長）
町田忠治（新聞人、農林、商工、大蔵大臣）
朝吹英二（三井系政商）
左納権一
箕浦勝人（新聞人、逓信大臣）
左納巌吉（執事）

台座には寄贈者七名の名前が刻まれているが、これは生前、故人と深い付き合いがあった証拠になる。犬養毅、尾崎行雄と「憲政の神様」の名前が並んでいるところに日本初の政党内閣を樹立した大隈ならではと思うものだったが、明治三十一年（一八九八）の大隈重信と板垣退助の通称隈板《わいはん》内閣は薩長藩閥政府に異を唱える玄洋社の平岡浩太郎（衆議員議員）が政党内閣樹立のために議会工作をした結果といわれている。福岡の筑豊炭田から産出される石炭の儲けの全てを議会工作に投入したのだが、半年も経たないうちに民党内部のポスト争いが生じて崩壊した内閣でもあった。

この大隈重信は幕末維新の華々しい活動の中に居た人物ではないが、早くから参議の大久保利通、木戸孝允の注目を集めている。それは、九州鎮撫総督であった澤宣嘉が長崎でキリシタンを弾圧したことに端を発したのだが、イギリス公使のハリー・パークスが外交問題として日本に抗議してきたことを強硬に処理したことにある。ハリー・パークスは第二次アヘン戦争にも従軍するほどアジア人を蔑視し、威圧的に外交交渉を進めてきたが、諸外国の事情に詳しいという事で交渉の場に引っ張り出されたのが大隈だった。大隈はこの威圧的なパークスの要求に一歩も退かなかったのだが、この強情さは長崎の地で早くから内外の文物に触れたことにある。長崎は佐賀藩と福岡藩が一年交代で警備する地だったが、大隈はその長崎に佐賀藩の英語学校「到遠館」を開き、アメリカ人宣教師フルベッキを教師としてアメリカの歴史や法律、政治を学び、聖書講読によって欧米人の考え方を習得していた。この知識が剛腕ハリー・パークスを屈服させる理論の背景となったが、もちろん、大隈自身の生来の負けん気の強さも加わってのことだった。

かつて、新橋、横浜間の鉄道敷設において外資導入による建設を進めるなど、新政府における大隈の行政手腕は評価に値するが、国会開設など他を抜きんでる行動が薩長藩閥に嫌われ「明治十四年の政変」によって政府から追放されている。大隈の先進的な発想と手腕に他者がついていけなかったのだが、その強引さと意思の強さは早稲田大学の構内や谷中の朝倉文夫彫塑館の大隈像の顔つきからも十分に見てとれる。新聞や世論が大隈の不平等条約改正案に反対していることを知りつつも持論を押し通すところが大隈らしいといえば大隈らしいが、墓場にネコが集まるほどなので、心根は優しい人だったのではないだろうか。

「八月十八日の政変」

「他にも何か見られますか」と護国寺の「墓場オジサン」は尋ねてくる。まるで寺男の如く著名人の墓所を案内するだけではなく、手作りの資料を呉れたりもする親切な「墓場オジサン」だが、その資料には著名人の名前と生前の肩書きが添えられている。カネを儲けるばかりで社会に還元しないという恨みから大正十年（一九二一）九月に刺殺された安田財閥（旧富士銀行、現在のみずほ銀行）の安田善次郎、為替制度変更の寸隙を狙って巨利を稼いだとして昭和七年（一九三二）三月に血盟団員に銃殺された団琢磨の墓もあるが、大隈の墓所に次いで確認してみたかったのが三条実美の墓所である。

三条実美は天保八年（一八三七）、父三条実万《さねつむ》、母紀子《もとこ》の間に生まれるが、文久三年（一八六三）八月十八日、尊皇攘夷派のクーデターである「八月十八日の政変」で失脚し、傳通院に眠る澤宣嘉たちとともに長州に逃れた。いわゆる「七卿落ち」だが、その後、病没や決起によって二卿が欠け、残った五卿は筑前太宰府の延寿王院（太宰府天満宮の神仏混淆時代の宿坊）に移転し、およそ三年もの間、近代的な軍事訓練を重ねながら時勢の到来を待っていた。この時の延寿王院主は大鳥居信全だが、梅小路定肖《さだかた》の次男であり、三条家との関係が深いばかりだけではなく、実美の父実万《さねつむ》とは従兄

護国寺　安田善次郎の墓所　茶室のような造りなので墓所とは分からなかった

弟の間柄だった。詳細な記録が残されているはずもないが、大鳥居は延寿王院に滞在する三条実美と京の岩倉具視《ともみ》との連絡、仲介係だったという。禁裏御用の「お撫で物（病気平癒を祈祷するための天皇の形代《かたしろ》）」の櫃に密書を忍ばせ、太宰府と京都の間を往復させていたようである。

三条実美は公卿という出自からか京都の梨木神社に合祀されているが、この護国寺本堂の裏手にも墓所がある。大隈の墓と同じく正面に石の鳥居が有るものの、頑丈な鉄柵で囲われているわけでもなく、村の鎮守様程度のこじんまりとしたものだった。「内大臣正一位大勲位三條公之墓」と「公爵夫人三條治子之墓」と彫られた墓石が二つ並んで真夏の日差しを浴びていた。墓所内は夏草がまばらに伸び、供えられた生花もしわ枯れ、本当に公家として明治政府のトップに座った人だったのだろうかと訝るほどだった。大隈の墓と比べても、広さ、堅牢さなど比べ物にならないが、護国寺の墓地では最も標高が高い位置に墓を設けたことで「内大臣正一位大勲位」という格式を保っているのだという。実際に計測したわけではないが、隣の豊島ヶ岡御陵の天皇家の墳墓を越さない高さに設えてあるとのことだった。死後といえども、皇室に対して敬意を払う事が公家の作法なのかと思いながら三条公の墓石を眺めていた。

この三条公の墓所手前には顕彰碑が立っている。文久三年（一八六三）八月十八日、尊皇攘夷派の三条実美たち七卿が公武合体派（会津藩、薩摩藩）と政権争いに敗れて長州へと落ちてゆき、そこから太宰府（現在の福岡県太宰府市）に移り、ここで討幕の謀略を練り、軍事訓練を行ない、維新に備えたという意味のことが彫られている。長州に落ちた後、澤宣嘉は平野國臣と「生野の変」で決起した後に逃亡し、錦小路頼徳は赤間が関（現在の山口県下関市）で病死してしまった。残された三条実美、三条西季知、東久世通禧、四条隆謌、壬生基修の五卿は慶応元年（一八六五）一月十三日、筑前博多に程近い太宰府天満宮の延寿王院《えんじゅおういん》へと居を移し、ここで三年近くも倒幕準備をしていたのだった。

護国寺　三条実美夫妻の墓所　周囲の鉄柵は全て何者かに盗まれている

護国寺　三条実美の墓所前　八月十八日の政変での七卿落ちを記した石碑

当初、三条公たちの都落ちは源平合戦の平家の一団の如く物悲しいものなのかと思っていたが、実際は土方久元、大山彦太郎道正こと中岡慎太郎、真木和泉守保臣の弟で鏡五郎こと真木外記、土佐脱藩浪士等四十一名、馬取小者二十五名を含む総勢六十六名の戦闘集団に囲まれての移転だった。移転先の太宰府では装条銃（ミニエ銃）三十挺、銃弾三〇〇〇発を用意し、『英国歩兵操練』を参考に射撃場を設けて西洋砲銃の訓練に励んだという。移転先の太宰府延寿王院には西郷隆盛、高杉晋作、田中光顕、佐佐木高行、大山巌、村田新八、伊藤博文、木戸孝允、江藤新平などが倒幕の密議に訪れているが、薩長同盟の事業を継承した坂本竜馬も三条公を訪ねて来ている。ときには、五卿の世話役であった福岡藩の早川養敬、月形洗蔵が三条公を延寿王院に程近い武蔵温泉（現在の二日市温泉）の湯浴みに連れ出し、菅原道真公が天に向けて無実を訴えたという天拝山への遠足へと誘い無聊を慰めてもいた。

この早川養敬、月形洗蔵は幕府と長州が対立するなか、いち早く薩長和解を斡旋しているが、福岡藩では倒幕派と佐幕派との藩政を巡る争いから、早川養敬は蟄居、月形洗蔵は斬首という処分を食らった。このことで薩長同盟のシナリオは中岡慎太郎を経て坂本竜馬に引き継がれ、慶応三年（一八六七）十二月十四日、王政復古によって五卿の官位復活と帰京が成就することになる。

《身にあまる恵みにあいて思ひ河嬉しき瀬にも立ちかへる哉》　三条実美

《天つ日ををろがむべしと思ひきや心つくしの命なりけり》　東久世通禧

三条実美と東久世通禧は官位復活と帰京の勅命がくだった喜びを和歌に詠んで思いを吐露したが、その後の三条公は明治政府における薩長藩閥が争う中、太政大臣（総理大臣）として藩閥の調整役

護国寺　三条実美の墓所にある三羽の鷲が抱える砲弾　対の片方は盗まれている

に回っている。三条公たちが滞在した延寿王院は太宰府天満宮の参道突きあたりにあるが、菅原道真公が太宰権帥に左遷されたにも関わらず、死後には太政大臣位に昇進したことから太宰府天満宮は「復活の聖地」とも呼ばれている。まさに、三条公たちは月形洗蔵の進言通り、道真公の故事に倣って見事に復活を遂げたのである。

護国寺本堂裏手、鬱蒼と生い茂る木立のなか、ぽっかりと空間ができたところに藩閥の調整と日本の近代化を進めた三条公のつつましやかな墓がある。その三条公の墓所には三羽の鷲が抱える砲弾が供えてあるが、誰がどういった目的で供えたのかは分からない。もともと対で据えられていた片方の砲弾を敗戦後の金属不足から何者かが盗み出したというが、さすがに重たかったのか、片方だけを持ち去り、腹いせなのか恨みなのかは知らないが、三条公の墓所をぐるりと取り囲んでいた鉄柵はことごとく盗んでいったという。「八月十八日の政変」で都落ちはしたものの復活し、維新と文明開化を推進した三条公といえども、「八月十五日の敗戦」の波からはいまだ復活することはできていない。

「満洲事変」

護国寺の墓地は本堂周辺のみかと思ったら、意外にも奥へ奥へと広がっていた。炎暑の下、さすがの「墓場オジサン」も暑さに参ったのか、後はご自由にと立ち去って行った。その護国寺本堂奥に広がる墓地の一角に陸軍墓地があったが、周辺を金網のフェンスで仕切られているので立ち入りできず、墓碑や記念碑から過去の事実を振り返りたいと思っていただけに残念だった。陸軍墓地の金網フェンスに沿って歩いていると、フェンス際の墓石の裏面に「栗林忠道」という文字を見つけた。陸軍墓地、栗林忠道とくれば硫黄島で戦死した栗林忠道大将（硫黄島戦の最中に大将に昇進）しかいないと思ったが、何かの戦役で戦死した戦友か部下のために栗林が筆をとったものと思われる。さらにこの陸軍墓地の周囲を歩いている時、フェンス越しに大きな「満洲事変犠牲者の碑」を見ることができた。詳しく調べたいと思いフェンスに沿って周囲を歩き、中に入ることはできないかと思ったが、入ることはできなかった。

仕方なく、この陸軍墓地を諦めて歩いていると下田歌子の墓所を見つけた。これも何かの因縁なのかと驚いたものだったが、下田歌子は宮中の女官であったものの、歌詠みの才能を昭憲皇太后（明治天皇の皇后）から認められ、「歌子」という名前を贈られるほどの才女であった。昭憲皇太后の信頼を一身に集め、「隠田《おんだ》の行者」とも「帝都のラスプーチン」とも呼ばれた飯野吉三郎という予言者を背後にし、宮中という密室から政治の世界にまで強いパイプを持っていた女傑である。この宮中における実力者という関係から長州閥の伊藤博文、山縣有朋が下田との関係を密に求めていたが、魅力的な女性でもあったことから女好きの伊藤博文が近づいたらしく、伊藤とのゴシップを

護国寺　女傑下田歌子の墓　和歌の才能から従三位勲三等の位階級を得た女性

護国寺　陸軍墓地の中にある「満洲事変死没将校以下」の慰霊碑

流されてもいる。宮中の信頼、予言者、長州閥のバックがあるだけに、革命資金の見返りに満洲は日本に譲渡すると申し出た孫文に資金と軍隊を用意すると快諾するほどの女性でもあった。松本清張の遺作となった『神々の乱心』では満洲在住の女性予言者が親密な関係になった男と新しい宗教集団を作って宮中を取り込んでいくが、清張は下田歌子をイメージして宮中の女官たちを描いたのだろうか、などと下田の墓石を眺めながら清張作品を振り返ったものだった。

満洲には孫文の革命軍、満洲域に跋扈する馬賊、匪賊、地方軍閥の対立に加えてソ連軍の介入から治安が安定せず、それでいながら過酷な徴税を逃れる漢民族が万里の長城を越えてくる地域でもあった。日露戦争以後、南満洲鉄道の権益保護のために関東軍と称する日本軍が駐屯していたが、その関東軍参謀の石原莞爾が謀略から満洲国を建国してしまったのである。いわゆる「満洲事変」だが、満洲域の治安維持と五族協和の理想国家を建国するために起こした事変である。敗戦後、中国を混乱に陥れたとして石原は自ら戦争犯罪人として名乗り出ているが、戦犯としての訴追を免れようとする旧軍人や閣僚、官僚が多い中、この石原の潔さはどこから出てくるのだろうかと感心する。松本清張の『神々の乱心』にも取り上げられたように、京都綾部に本部を置く大本教は満洲の土俗宗教集団である紅卍会と提携し、満洲での勢力を拡大していた。熱心な日蓮宗系「国柱会」の信者であった石原としては、満洲事変は大本教の満洲における勢力拡大を阻止する意味もあったのではないだろうか。「南無妙法蓮華経」と大書された掛け軸をバックに満洲国の要人とともに収まっている石原の写真が残っているが、五族協和というスローガンを打ち立てながらも見方によっては宗教国家を建設したかったのかと訝るほどである。石原は満洲国に五族協和を理想とする建国大学を建学しているが、ここでは宮沢賢治の「精神歌」を唱えながら鍬を振る日本人学生が多かったという。賢治も石原と同時期に「国柱会」に入会しているが、石原が言うところの満洲事変による「王道楽土」とは日蓮宗原理主義による国家建設にあったのではないだろうか。

石原は東條英機（陸軍大将、首相）を批判したことから陸軍中将で予備役となり、後には東亜連盟というアジア主義団体を構成した。その東亜連盟のメンバーには空手の極真会館を創立した大山倍達がいたといわれている。山形県酒田市で開かれたGHQの酒田法廷に戦争裁判の証人として石原は呼び出されたが、この時、病床にあった石原はリヤカーに乗って出廷し、そのリヤカーを引いていた五人の青年のうちの一人が大山倍達といわれている。意外な人間関係に驚くが、その大山倍達の墓も護国寺にある。

さらに、大山倍達を一躍スターダムに押し上げた人物がスポーツ根性劇画作家として著名な梶原一騎である。梶原は大山倍達を『空手バカ一代』に描いたが、この梶原は空前のスポーツ根性物語であるテレビアニメ『巨人の星』の原作者であるのは言うまでもない。この『巨人の星』は講談社の『少年ジャンプ』の売り上げを飛躍的に伸ばしたが、その講談社の創設者である野間清治の墓も護国寺にある。野間の墓所には石のテーブルと椅子が用意され公園かと見まごうが、広い敷地に巨大な墓石がそびえる墓所を見ながら、大山や梶原の墓がこの護国寺にあるのも野間の招きなのだろう。

この野間は出版のみならず政治的な動きにも敏感で、大本教の出口王仁三郎と玄洋社の頭山満を招いての会談をセッティングするなどもしている。その頭山満のもとに逃げ込んだのが血盟団事件での首領井上日召《にっしょう》だが、その血盟団員である菱沼五郎が暗殺した団琢磨の墓所もここ護国寺にあり、近代日本の事件を語るに話題に事欠かない墓地である。宮沢賢治の年譜にもあるように、東北地方は相次ぐ冷害や凶作に見舞われ、農家の娘の身売りが相次いでいた。そんな農村の窮状を省みずに資本家や政党が癒着しているなどの怨恨から血盟団では「一人一殺」を合言葉に要人を狙ったが、血盟団員の小沼正は元大蔵大臣の井上準之助を射殺している。井上日召は庇護を求めて頭山満の邸に逃げ込んだが、なぜ、右翼の大物といわれる頭山のもとに井上が逃げ込んだか分からない。大本教と深く関係があった玄洋社の頭山と日蓮宗の井上とがうまく結びつかない。

しかし、やはり、この護国寺に眠る中村天風の自伝『成功の実現』を読んでいると頭山満のもとを国柱会の田中智学がしばしば訪ねてきていることが記されている。中村天風は護国寺の仁王門脇にある「天風会」を主催した思想家だが、若き日は手がつけられない暴れん坊で、世に名だたる巨頭頭山満に預ければ大人しくなるだろうとして玄洋社に送り込まれたという。その後の天風は「玄洋社の豹」の異名をとる軍事探偵として日清、日露で満洲を舞台に命がけの活躍をしたことで勇名を馳せた。その天風が思想啓蒙のため街頭に立って辻説法するとの決意を頭山に相談しているが、その頭山の傍にいたのが国柱会の田中智学であった。頭山が賛成の意を表明するなか、辻説法など

護国寺　空手家大山倍達の墓　今でも大山を信奉する外国人が来日しては墓前で空手の型を演武するという

護国寺　梶原一騎の墓　テレビアニメの脚本家として時代の寵児であった

「止めなさい」と自身の苦労を振り返りながら田中は天風に忠告している。血盟団の井上日召が頭山邸に逃げ込んだのも、田中智学から頭山の度量を聞き知っていたからではないかと想像するが、満洲事変は田中智学の弟子とも言うべき石原莞爾が実行したものである。田中と関係が深かったにも関わらず頭山は満洲事変による満洲建国には反対の立場をとっていた。孫文を支持していた頭山からすれば、この満洲事変は孫文の革命軍に対する日本の裏切り行為であり、孫文の後継者である蒋介石との関係を悪化させる事件と考えていた。

襲撃、都落ち、弾圧、事変、暗殺と何かときな臭い渦中の人々が眠る護国寺だが、忘れてならないのが、カネ儲けに奔走し、貧乏人を省みないとして朝日平吾に刺殺された安田財閥の安田善次郎ではないだろうか。護国寺の鐘楼の傍に茶室のようにして設けられているのが安田善次郎の墓所だが、東京大学の安田講堂、日比谷公会堂を寄贈し、関東大震災では後藤新平の帝都復興プランに協力した人物である。国粋主義者朝日平吾の誤解による殺人事件だが、安田善次郎を殺した後に自決してしまった朝日は自身が義挙と信じ込んでいただけに憐れを誘う。

「満洲事変」は日本の侵略行為、傀儡政権樹立という批判だけでは片がつけられない、複雑な要因がからみあった事件であったが、このフェンス越しの「満洲事変犠牲者の碑」と同じく、今に至っても事件の真相には立ち入ることができない環境にある。

注：石原莞爾のリヤカーを大山倍達が引っ張ったというが、大山の師匠という説もある。

護国寺　安田善次郎の墓　塀の隙間からレンズを差し込んで撮影をしたもの

伊藤博文暗殺事件

東京墨田区堤通にある木母寺の最寄りの駅は東武伊勢崎線「鐘ヶ淵」駅だが、その「鐘ヶ淵」という名前の由来は隅田川河畔に大きな鐘が沈んでいたことからという。江戸に幕府が開かれるとこの近辺は徳川家の野菜を供給する御用地だったが、隅田川が運んでくる豊かな土壌に恵まれたところだったのだろう。その田園風景も明治以降はカネボウ（鐘紡）こと鐘が淵紡績の工場が建てられたことで様相は一変したという。

「多分、糸平とあるように繊維関係ということで当寺にあるのだと思いますが」と住職さんが説明してくださったのが、木母寺境内の納骨堂横にある高さ五メートル余、幅三メートルの「天下之糸平」碑である。明治二十四年（一八九一）六月に建立されたという碑は伊藤博文の書とあるが、伊藤博文が誰なのかは即座に分かっても「天下之糸平」という意味は何なのか、誰のことを指しているのかと考えてしまった。

碑の裏側に回ると「天下之糸平」の略歴が記されているが、「田中平八は天保五年七月十八日に信濃国伊奈郡に生まれ、諸国を周遊した後に横浜に至り、糸屋と称して商売に励み巨万の富を築き上げ、明治十七年六月八日に亡くなった」とある。神奈川良泉寺に葬られているそうだが、木母寺はこの「天下之糸平」こと田中平八の菩提寺ではない。なぜ、ここ木母寺に関係あるのかまでは記されておらず、これだけでは「天下之糸平」こと田中平八の人物像が掴めないが、碑の裏面にあった「建碑資贈寄諸君」として碑の建立に賛同し資金を出した人々の名前を見て、驚くばかりだった。

澁澤栄一　福地源一郎　伊集院兼常　大倉喜八郎　高島嘉右衛門　米倉一平
岩出惣兵衛　横山孫一郎　雨宮敬次郎　原善三郎　茂木惣兵衛　西村喜三郎
木村利右衛門　矢島平造　辻純一　加藤徳次郎　横浜富貴楼

木母寺の「天下之糸平」碑　もともと、この場所にあったものではないというが行き場を求めてここに落ち着いている

明治を代表する財界人にジャーナリスト、横浜の生糸貿易で財を成した人物の名前がずらりと出ているが、題字を揮毫した宰相伊藤博文のみならず、「財界の父」渋沢栄一、大倉財閥の大倉喜八郎との結びつきがあることに驚く。著名な財界人として歴史に田中平八の名前が挙がってこないのが不思議なくらいだが、気になって碑の裏面に記された人々から調べて行くと、はなはだ、面白い人物であることがわかった。

田中平八は石碑に刻みこんであるように天保五年（一八三四）七月十八日に信濃の国に生まれている。この頃の日本は全国各地で一揆が頻発し、幕府は貨幣の純度を下げる改鋳によって財政再建を行なっているときだった。平八は武士でもないのに少年時代から剣術修行に励み、平田篤胤の復古神道にのめり込んで尊皇思想を深めていったという。この様子は武士階級ではないものの剣術修行に励んだ近藤勇、土方歳三を彷彿とさせるが、平八の剣術熱は斎藤弥九郎の道場にまで通うというものだった。その斎藤弥九郎道場は現在の東京千代田区九段下の靖国神社にあったが、長州藩の木戸孝允、高杉晋作、品川弥二郎、山尾庸三などが斎藤の門弟として名前があげられる。

さらに、真偽のほどは確かではないが、平八は商売にかこつけて全国を周遊し、偶然にも旅の途中で清河八郎と出会ったことから尊皇思想に磨きがかかり、京都では三条木屋町の池田屋に投宿して長州藩士等と知己の関係になったといわれている。奇しくも、「池田屋騒動」では新撰組の急襲をすんでのところでかわしたという運の強さも見せている。

この平八が実業界に名前を知られるようになるのは、なんといっても生糸の輸出である。幕末から明治日本の輸出産業の主力は生糸だが、平八は生まれ故郷の信濃国伊奈郡が養蚕業の盛んなところだったことから生糸を買い集め、開港地横浜の外国人商人に売りさばいていたのだった。平八が生糸の取引で財を成したことは、碑文の協賛者のなかに岩出惣兵衛、雨宮敬次郎、原善三郎、茂木惣兵衛という生糸取り扱い業者の名前があることからも窺える。平八は海外との生糸取引の実績から生糸相場会社、洋銀取引会社、金穀相場会社などの近代的な物産取引所を開くことで日本の財政基盤の安定に寄与しているが、洋銀と小判の取引で牢屋に放り込まれた高島嘉右衛門（前述）の名前もあり、ここでも横浜を中心に政財界と深い付き合いを繰り広げていたことがわかる。

田中平八が日本の実業界に貢献したことはこれだけでも分かるが、明治五年（一八七二）の鉄道開通においても横浜駅に到着する明治天皇を高島嘉右衛門、原善三郎たちとともに出迎えた一人でもある。原善三郎とは現在も横浜の名勝「原三渓園」に名前を残す生糸相場で財を成した祖であるが、さらに、平八の交友関係で変わった人物といえば横山孫一郎がいる。横山は高島嘉右衛門が抱えていた通訳だが、開港当時の横浜にはイギリス、フランスの兵隊が一千人も駐屯していたといわれ、生糸貿易だけではなく、諸外国の軍隊との調整にも通訳は欠かせない存在だった。嘉右衛門は一時期、オランダ通詞の森山多吉（森山栄之助）を使っていたと高木彬光の『「横浜」をつくった男』に出ているが、横山の方が通訳としてのセンスがあったのだろう。

高島嘉右衛門の鉄道事業が生糸を輸送するに利点があるとして、雨宮敬次郎も現在のJR中央線を開発、東武鉄道、西武鉄道の原型となる路線の開発に尽力しているが、田中平八も親友である雨宮敬次郎の鉄道事業を支援した一人だった。この雨宮のおもしろいところは、鉄道を国有化して事業資本を本格的に投入しなければ社会は豊かにならないと力説したところにある。しかしながら、この雨宮の鉄道事業に触発された根津嘉一郎が東武鉄道という私鉄を発展させたのも面白い。

そして、この「天下之糸平」碑で見逃してならないのが横浜富貴楼である。横浜富貴楼は横浜にあった料亭旅館だが、名物女将の「お倉」は明治の政財界に顔がきく女傑でもあった。勝海舟の『氷川清話』にも登場する羽ぶりの良い女将だが、早くから木戸孝允、大久保利通、大隈重信、伊藤博文という明治政府の重鎮と親しく付き合いをもっている。この「お倉」の手腕の鮮やかさは

「明治十四年の政変」で政権の座から追われていた大隈重信を再び伊藤博文につないだことだろうか。かつて大蔵省で上司部下の関係であった大隈と伊藤だが、政敵として大隈を政府から放逐したことで人間関係は断絶状態だった。伊藤は暗礁に乗り上げている条約改正問題にハリー・パークスと交渉した大隈の力を必要としていたが、「お倉」はその両者の妥協点を仲介した女性といわれている。欧米列強との対応方法を熟知している大隈を外務大臣として迎えることで条約改正問題を解決し、願わくば大隈の財政手腕にも伊藤は期待していたのではないだろうか。

田中平八を顕彰する一枚の碑文だが、平八とその背後にある様様な人間模様の面白さが現在にまで伝わらないのを不思議に思う。特に伊藤博文の暗殺を予言していた高島嘉右衛門の名前が同じ石碑に刻まれていることは注目に値するが、伊藤は明治四十二年（一九〇九）十月二十六日午前九時、ロシアの蔵相ココフェツ（ココーフツォフとも）との会談のためにハルビン駅に降り立った。ここで韓国の独立を主張する安重根《あんじゅうこん》（アン・ジュングン）によって伊藤は射殺されたのだが、高島は伊藤暗殺を「易」の「卦」によって予言し、それも「艮」もしくは「山」の字がつく人物による遭難を予言していた。大事な用事であるからとして伊藤は無理に出かけたのだが、ロシア儀仗兵閲兵のために列車を降りたところを安重根に撃たれたのである。今に伝わる伊藤博文暗殺事件の概略だが、随行員として外務省の役人や南満洲鉄道の理事たちが同行し、伊藤本人、随行員合わせて十三発の銃弾を浴びた痕跡が確認されていることまでは伝わらない。

伊藤博文　三発（盲管二発、貫通一発）

室田義文　五発（小指擦過傷一発、衣服貫通四発）
中村是公　二発（衣服貫通二発）
森泰二郎　一発（衣服貫通）
川上俊彦　一発（盲管）
田中清二郎　一発（足首貫通）

安重根の拳銃には六発の弾丸が装填され、そのうち五発が発射されていた。安重根の自供では自決用に一発残していたとのことだが、凶行現場において自決用の弾丸を残すなど、まさにプロの仕業としか思えない。しかしながら、伊藤の致命傷となった弾痕は建物の上方から放たれた複数の弾丸といわれ、これはどう見てもスナイパーによる犯行である。伊藤は満洲を日本とロシアの経済特区にしようとロシアの蔵相ココフェツに提案を考えていたといわれるが、伊藤を射殺し、日露の間に再び軍事対立を引き起こしたいと画策する欧米列強の仕業ではなかったかと推察する。

明治二十四年（一八九一）に建立された「天下の糸平」碑であるが、この時、明治四十二年（一九〇九）十月二十六日の伊藤博文暗殺事件につながっていたとは、いかな高島嘉右衛門でも予想もしていなかったのではないだろうか。伊藤の随行員として二発の弾丸が掠った中村是公（南満洲鉄道総裁）などは、明治四十二年（一九〇九）九月六日から十月十三日まで、夏目漱石を満韓の旅にと招いた後の遭難だった。

「金ちゃん（漱石のこと）、伊藤さんが訪満するから一緒に随行員としてハルビンに行こうよ」

「ハルビンはじっくりと見てみたかったんだ」

と漱石が気軽に応じていたらどうなっていただろう。朝日新聞も漱石を伊藤博文ハルビン訪問の特派員として許可していたら、作家として名前が売れていた漱石だけに伊藤博文暗殺事件は更なる騒動に発展していたのではないだろうか。

後日、この田中平八について思いがけない発見があった。歴史小説を多く世に出した山田風太郎の『魔群の通過』という作品の中で、なんと田中平八は水戸天狗党に参加していた。元治元年（一八六四）四月、藤田小四郎、武田耕雲齋率いる天狗党が攘夷を求めて決起したが、これは桂小五郎こと木戸孝允と東西から攘夷運動を押し進める計画だったという。実際、この年の七月、長州兵や真木和泉守保臣たちが挙兵した「禁門の変」（蛤御門の変）が起きており、水戸と長州の両方から京の都を目指したことになる。この両者の関係性に驚いたが、田中平八が斎藤弥九郎道場の同門である木戸孝允の密使として水戸天狗党に名を連ねていたとしても不思議では無い。

この水戸天狗党は京の都を目指したものの、若狭（現在の福井県）で全軍が降伏してしまった。このとき、藤田小四郎、武田耕雲齋など三百五十二人が斬首されたが、その処刑人を買って出たのは彦根藩士たちだった。これは水戸脱藩浪士によって彦根藩出身の大老井伊直弼が暗殺された「桜田門外の変」の仇討ち行為だったが、さすがに水戸天狗党の少年兵までは処刑されなかった。その少年兵の中には武田耕雲齋の息子や孫がいたが、維新後、かつての天狗党少年兵たちは官軍に身を投じ、母親や幼い弟、妹までをも刑死させた旧水戸藩保守派を探索の末に処刑して廻ったという。

水戸天狗党に田中平八が身を投じていたこと、水戸天狗党と長州藩とが深く結びついていたことから「天下之糸平」碑を長州閥の伊藤博文が揮毫した背景が納得できた。しかしながら、伊藤博文の致命傷となった弾丸はフランス騎兵銃、通称、カービン銃といわれる口径七・六二ミリのものである。安重根が所持していた拳銃はベルギー製のブロニーングで口径七・六五ミリである。容易に犯人が分からないよう似た口径の銃を使っての仕組まれた暗殺事件としか言いようがない。維新前、徳川幕府とフランスは関係が深かったが、伊藤博文を狙ったのがフランス騎兵銃ということから、フランスに逃亡した旧幕府関係の末裔が仇討ちと称して長州閥のシンボル伊藤を狙ったのでは、などと新たな疑問が湧いてきた。

シーボルト事件

築地本願寺（東京中央区築地）が浅草から現在地に移ってきたのは明暦三年（一六五七）の「明暦の大火」（振袖火事）が原因である。築地近くの佃島の門徒衆が中心となって寺の再興を図ったのだが、もともと佃島は摂津国（現在の大阪府）に住む漁師たちが第二代将軍秀忠の時代に移り住み、漁猟や三十三人の漁師たちの漁業権の許可を幕府から得たことが始まりといわれている。佃島の漁師たちは将軍家、大名家に売りさばいた魚の残りを日本橋魚河岸で商い、その売り上げは一日千両もあったといわれている。佃島の漁師たちが築地本願寺を再興したという経済的な背景が見えなかったが、江戸という巨大市場、幕府公認の漁業権を得れば、築地本願寺の建設資金などは容易に賄えるはずである。その佃島の繁栄、築地本願寺の再興の祖ともいうべき人物は森孫右衛門というが、その墓は築地本願寺正門左手の塀際にある。その森孫右衛門の墓と並んで赤穂浅野家の家臣で

築地本願寺境内の森孫右衛門の墓（左）と間新六の墓　説明の看板があるのはありがたい

あった間《はざま》新六の墓があるが、これは浅野家の上屋敷が江戸鉄砲洲（東京中央区明石町）、現在の聖路加看護大学の付近にあったことと関係している。東西一二六間（約二二七メートル）、南北七四間（約一三三メートル）敷地面積およそ八九七四坪の広大な屋敷だったというが、東京ドームのおよそ六〇パーセントに匹敵する広い邸には築山や馬場まであり、御殿の周囲には泉水が引かれ、広大な屋敷を取り囲むようにして家臣の長屋が並んでいた。元禄十四年（一七〇一）三月十四日、江戸城「松の廊下」で主君の浅野《あさの》内匠頭《たくみのかみ》長矩《ながのり》が吉良《きら》上野介義央《こうずけのすけよしなか》に切りつけるという刃傷事件が起きたことから浪士たちは主君の仇討ちに及んだが、吉良家の邸のある本所松坂町（東京墨田区両国）から泉岳寺に向かうにあたり、わざわざ遠回りをしてかつての浅野邸を通過している。かつての栄華を誇った浅野家の邸を今生の別れに見ておきたいと思ったのだろうが、その際、父、兄とともに討ち入りに加わった間新六は鑓の穂先に討ち入り成功の書状と永代供養の金を包んで築地本願寺の境内に投げ入れたといわれている。その間新六の供養塔が森孫右衛門の墓と並んで境内にあるのだが、その間新六は翌年二月、身柄を預けられていた麻布の毛利藩邸で切腹となっている。間新六が敬意を表していたとか、身内に築地本願寺との関係があったなどと言われているが、残念ながら、

築地本願寺境内の土生玄碩の碑　昔日の栄華を偲んでいるのか

間新六と築地本願寺の結びつきについては、詳細にはわからない。
その間新六の墓所を眺めているとき、土生玄碩《はぶげんせき》の墓もあることに気が付いた。土生は安芸国（現在の広島県）に生まれ、文化七年（一八一〇）に奥医師を拝命、その後には法眼《ほうげん》（医師に対する称号、尊称）になっているが、文政五年（一八二二）には第十二代将軍徳川家慶《いえよし》の眼病を治療した眼科医である。ところが、この将軍の眼病治療の功績が後にシーボルト事件に連なる。
シーボルトは長崎出島のオランダ商館付きの医師だった。実際はドイツ人だったが、オランダ人として来日し、西洋医学を多くの日本人医師に教授したことで有名である。そのシーボルトがオランダ商館長の江戸参府につき従い、江戸の医師たちに治療法を伝授したことから土生玄碩と知り合うのだが、眼科も得意とするシーボルトは開瞳剤について土生に薬剤の技術を教えた。その謝礼に、シーボルトは土生が将軍から拝領した徳川家の紋が入った羽織を執拗に求め、土生も断り切れずにシーボルトに渡している。文政十一年（一八二八）八月九日、シーボルトが帰国にあたって搭乗する予定のハウトマン号が長崎港口で擱座し、散乱した大量の積み荷の中から将軍拝領の羽織が出てきたのである。幕府も長崎の奉行所もシーボルトが大量の物品を持ちだそうとしていたことは事前に知っていたようだが、幕府が恐れたのは羽織よりも精巧な日本地図が国外に持ち出されそうになったことだった。文政十二年（一八二九）十二月五日、シーボルトは家宅捜索の後に国外追放となったが、同じく土生も同年十二月十六日、改易の上、江戸追放となった。その江戸追放となった土生の墓がなぜに築地本願寺にあるのか、これもわからない。

オランダ商館長を始めとするシーボルトたちが江戸参府で東上した場合、宿泊先は「長崎屋」（オランダとの交易品を主に扱う店）が定宿であった。現在のJR新日本橋駅がある場所がそれになるが、土生は「長崎屋」からオランダの医学書を大量に買い求めるお得意さんだったのではないだろうか。このことで、オランダ商館長の江戸参府ではオランダ商館医との面談を円滑に進められたのかもしれない。この「長崎屋」自体も商品に鉄砲等が加わったことで重量物の鉄砲の取り扱いに便利な築地に移転をしている。慶応三年（一八六七）七月五日、外国人居留地造成のために「長崎屋」は築地から退去を命じられているが、シーボルト事件で失脚した土生を悼む墓が築地本願寺にあるのは「長崎屋」が追悼のために建立したのではないかと想像する。

維新後、「長崎屋」が所有していた洋書関係は明治政府に譲渡されたが、英書など一万七〇〇〇冊ほどが保管されていたという。このことは、江戸時代、築地周辺が近代化の中心であったことを窺い知る事実だが、土生の墓を目にして、シーボルト事件という医学近代化の犠牲者の姿を見る思いだった。

大本教弾圧事件

靖国神社（東京千代田区九段下）を訪れると、まず初めに大きな鳥居に目が行ってしまう。正式には第一鳥居といわれるもので高さが二十五メートルもあるが、最初に立てられたのは大正十年（一九二一）のことという。さらに、その先に立つ大村益次郎像に目が奪われ、しばし、大村像を見上げてしまう。大村益次郎は文政七年（一八二四）に周防国（現在の山口県）の村医者の家に生まれ、大分県日田の廣瀬淡窓の咸宜園で漢学を、大坂の緒方洪庵の適塾で蘭学を学び、さらに長崎へと留学している。蘭学といえばオランダ医学と思うが、幕末頃には西洋の先進技術全般に及び、そこには西洋兵学も含まれていた。この西洋兵学の応用が上野の山に立て籠もる旧徳川幕府の彰義隊との戦いだが、大村は佐賀藩が所有するアームストロング砲を借り受け、作戦計画に基づいて彰義隊を放逐している。その大村益次郎像は彰義隊が集結した上野の山の方を見ているといわれる。もうひとつ、空を見上げるものとして神門近くに第二鳥居という青銅製の鳥居があるが、これは明治二十年（一八八七）の大晦日に初代宮司青山清によって建立式が行われた高さ十五メートルの鳥居である。この鳥居の特徴は青銅製という材質の珍しさもあるが、廃藩置県にともない各藩から没収した銃器類を再利用し、大阪工廠で作られたものである。金属製の鳥居というだけでも珍しいが、その由来を知ると国民皆兵による国軍創設を主張した大村益次郎のもう一つの顔が見えてくるようである。

この靖国神社の境内では大鳥居や大村益次郎像の高さに見とれてしまい、参道入り口の一対の狛犬（獅子にも見える）にまで目が停まる人はいない。第一鳥居脇、「靖國神社」と記された社号標の

靖国神社狛犬と社標　狛犬といっても獅子のようにも見える

靖国神社狛犬の台座裏面　昭和四十一年十一月三日に奉献され、右端に清瀬一郎の名前が彫り込まれている

前にあるのだが、この台座の後ろに嵌め込まれている奉納者の名前から「清瀬一郎」という名前を認めることができる。いまでは誰もこの「清瀬一郎」がどんな人物であったかを知る人は少ないが、日本の敗戦後に開かれた極東国際軍事裁判（東京裁判）で日本側弁護団の副団長を務めた人物である。特に、東京裁判では開戦当時の総理大臣、日本軍国主義のシンボルと見られる被告人東條英機の弁護人を引き受けたのが清瀬一郎である。清瀬一郎は明治十七年（一八八四）兵庫県生まれ、旧制山口高校、京都帝国大学法学部をともに主席で卒業するという法学博士

であるが、犬養毅の下で政治活動に入り、大正九年（一九二〇）に衆議院議員に初当選している。しかしながら、昭和七年（一九三二）に起きた五・一五事件では犬養首相暗殺犯の弁護人を務めるという変わり種でもある。東京裁判での東條英機の主任弁護人を引き受けるという事実に驚きすら抱いていたが、政界の恩人とも言うべき犬養首相を暗殺した犯人の弁護を務めるほどなので、東條の弁護人も単なる職務の一つとして捉えていたのだろうか。

さらに、この清瀬一郎の弁護士活動において特筆すべきは、昭和十年（一九三五）に起きた第二次大本事件の弁護人も担当していることである。これは明治中期に京都の綾部に興った宗教団体の大本教を内務省が弾圧した事件だが、大正十年（一九二一）の第一次大本事件に続く二回目の弾圧事件だった。大本教は予言と病気治しで日本のみならず海外にまで勢力を伸ばす神道系の団体だが、ラフカディオ・ハーンの弟子で海軍大学、海軍機関学校の教官であった浅野和三郎を始め、日本海海戦での参謀秋山真之も熱心に参拝する宗教団体だった。海軍関係だけではなく、合気道創始者の植芝盛平、玄洋社の頭山満、黒龍会の内田良平とも関係があったが、大本教系の「昭和神聖会」という右翼団体結成においては頭山、内田が深く関わっている。

昭和十七年（一九四二）三月十四日、清瀬一郎は第二次大本事件の大阪控訴院における弁論要旨を述べたが、その中に興味深い一節がある。

「北一輝、井上日召、極く端の方としては大川周明といったやうな運動がずっとあったのだが警視庁の方ではよく本体が掴めなかった。掴めたら抑える、さういう風な空気が内燃して居るところへ持って来て、昭和神聖会で、一木（喜徳郎）、美濃部学説を排撃すると共に岡田（啓介、二・二六事件で青年将校の襲撃対象となった首相）も怪しからぬ、当の岡田としては胸にひしひしこたへる、其の責任を持って居ります内閣書記官長、警保局長これはこたへる。そこで本当に潜んでいる呑舟の魚と云うものには手はつかぬけれども、かういう時代に岡田もひっくるめて天皇機関説といふやうな事をやってゐる昭和神聖会のもう一つ親玉、大本といふものを手入れしよう、こういふ事になりましたのは昭和十年の六月頃であります。」

非常に長い清瀬の弁論要旨の一部でしかないが、右翼、左翼ともに言論が弾圧されている時代、唯一自由に主張できるのが裁判所の法廷であることから敵性語といわれた英単語をも交えて弁護に努めている。

清瀬はこの第二次大本教弾圧事件での弁護人の時、被告人である大本教の出口王仁三郎から、「弁護人を辞めてくれ。この裁判は間も無く終わる。あんたには、もっと大きな役目が来る」と係争中であるにも関わらず弁護人解任を宣告されている。実際に、昭和二十年（一九四五）十月十七日、第二次大本事件は大赦令で裁判そのものが消滅してしまい、出口王仁三郎も大本教関係者も無罪放免となった。その後、清瀬一郎が極東国際軍事裁判（東京裁判）で日本側弁護団の副団長、東條英機の主任弁護人という大きな役目を引き受けたのだが、これは出口の予言が的中したことになる。この第二次大本教弾圧事件については後年、「右翼弾圧のために大本教手入れを断行することになったのである」と、事件当時の内務省警保局長であった唐澤俊樹が述べている。

東京裁判の弁論の中においても、右翼団体が軍国主義を助長したとの連合国検事の指摘があり、戦中の日本では右翼といえども弾圧の対象であったことを清瀬は述べたが、右翼団体は狂信的な超国家主義団体として解散させられた。さらに、玄洋社の社員であったことが加味されて広田弘毅（首相、外相）のように文官でありながら極刑に処せられた人もいる。清瀬の名前が記された狛犬を見ながら、国内外の戦争裁判で真相の全てが明らかにされないまま極刑に処せられた人々の冥福を祈ると同時に、権力によって不当に弾圧され、いまだ汚名を着せられたままの人々の人権保護と名誉の回復を願い、奉納したのではないかと考えた。

第八章 近代とスポーツ

講道館柔道とオリンピック

プロ野球東京読売巨人軍の本拠地がある東京ドームを訪れると、頭上を疾駆するジェットコースターの騒音に驚かされる。恐怖とも歓喜とも区別がつかない若い女性の悲鳴が頭上から降りかかってくるなか、別の場所からはボートが水を砕く音、流れる滝の水音が混じって、その騒々しさは尋常ではない。そういう娯楽の場所だからと言ってしまえばそれまでだが、そんな天地がひっくり返るような騒々しい場所の近くに講道館国際柔道センターがある。

講道館国際柔道センターは言わずと知れた講道館柔道発祥の地とも殿堂とも称すべきところである。いまや、オリンピックでも世界選手権でも、ポイントを稼ぐスポーツと化してしまった柔道だが、それでも講道館だけは別格、礼に始まり礼に終わり、勝負においては一本を求める武道の姿を想像していただけに、聖地講道館周辺が騒々しいことに驚いてしまった。原色に近い広告看板、JR水道橋駅の雑踏に近いということもあるかもしれないが、歩道に面したビルの右手には講道館柔道創始者である嘉納治五郎の銅像が立っている。なんとなく、その顔は悲しげに見え、通行人の誰もが見向きもしない嘉納治五郎像が気の毒でしかたない。

ともあれ、この講道館国際柔道センタービルを訪れたのは、二階にある図書資料部で講道館柔道の歴史や功績を知ることができるからだが、「資料展示室」「柔道殿堂」「師範室」と三つに仕切られた展示室にはテーマに沿った資料が公開されている。その「資料展示室」の中で目を引くのが、明治二十六年（一八九三）十二月に勝海舟が揮毫したという「無心而入自然之妙　無為而窮変化之神」と書かれた大きな扁額である。雄渾とでも表現すべきものなのだろうが、解説のプレートが無ければ文字も意味もとてもではないが判別できない。己が漢文の素養の無さを露呈してしまうが、「無心にして自然の妙に入り、無為にして変化の神を窮む」と読むそうだ。幕末、官軍の総大将とも言うべき西郷隆盛と江戸城無血開城の交渉をした幕臣の勝海舟だが、何故、講道館と関係があるのかと不思議に思う。が、しかし、勝海舟の『氷川清話』には講道館柔道の創始者である嘉納治五郎の父、嘉納治右衛門が不遇時代の勝海舟の生活を支えていた関係とわかる。灘の造り酒屋の嘉納家にすれば海舟の生活支援はどれほどのものでも無かったと想像するが、苦しい時に受けた恩義を忘れない海舟に講道館柔道の原点である礼節を感じる。後に海舟は明治政府の初代海軍卿になるが、その関係からか講道館には海軍関係者が多い。

この図書資料部には他にも講道館の発展を知る貴重な資料があるが、大正六年（一九一七）六月十九日付の講道館評議員、維持員のリストが展示してあり、その中に内田良平、広田弘毅の名前を見つけた。内田良平は政治結社玄洋社から分かれて黒龍会を興し、主幹としてアジアの植民地解放を進めた人物であるが、日本の敗戦後、占領軍による歴史の書き換えによって朝鮮半島、中国大陸を侵略する軍部の手先であったと評されている。同じリストの維持員には外務官僚から内閣総理大臣となった広田弘毅の名前もあるが、広田はＧＨＱから侵略戦争を押し進めた超国家主義団体と断じられた玄洋社のメンバーであったことも加わり、文官でありながら唯一、Ａ級戦争犯罪人として他の陸軍軍人と共に絞首刑となっている。極東国際軍事裁判、いわゆる東京裁判から随分と年月が経過した頃、連合国軍選出の判事で「絞首刑」を支持した人々が広田弘毅への極刑は「間違い」と表明したが、時すでに遅しである。日本の敗戦後、侵略主義者の汚名を着せられた内田良平、戦争犯罪人として処刑された広田弘毅が講道館柔道の評議員、維持員として名前を連ねているのであれば、講道館は侵略者、戦争犯罪人の協力団体になるが、誰もこのことを指摘する風は無い。さらに、この展示されている資料を見て行くと、日清戦争終結後の明治三十二年（一八九九）十月からかつての敵国であった清国（中国）の留学生七一九二名を講道館関係の亦楽学院（後の弘文学院、宏文学院）が受け入れている。清国の次世代を担う青少年育成を講道館が引き受けていたわけだが、展示品の中には作家の魯迅（本名：周樹人）の講道館入門申請書も含まれていた。侵略者の内田良平、戦争犯罪人の広田弘毅と酷評される人々が講道館関係者として清国の青少年育成に関わっていた事実を歴史はどのように釈明するのだろうか。

講道館が多数の清国留学生を受け入れていた事実に驚くが、ひとつには嘉納治五郎が東京高等師範学校長という教育者であったことに大きな意味があるのではと思う。この講道館図書資料部には嘉納治五郎の「順道制勝」の扁額が展示してあるが、その言葉の意味は深い。「勝つにしても道に順って勝ち、負けるにしても道に順って負けなければならない。負けても道に順って負ければ、道に背いて勝ったより価値があるのである」。まさにフェアプレイの精神そのものであるが、ポイントを稼いで勝ちにいく柔道、故意にダメージを与えて勝ちに行く現在のスポーツ柔道を嘉納治五郎であればどのように改革していくのだろうか。

昭和三十九年（一九六四）十月、アジアで初めてのオリンピックが東京で開催された。その際に、開催国の競技種目として柔道が加わったが、開催国の面子と多数のメダル獲得のためにお家芸ともいうべき柔道が加わったのだと信じていた。故に、柔道無差別級でオランダのアントン・ヘーシンクが神永昭夫に勝って金メダルを獲得したことに日本国民の大きな失望を招いたのだが、神永昭夫の胸の内を去来したのは「柔よく剛を制す」だったのか、「順道制勝」だったのか興味がある。因縁の東京オリンピック閉会後の十一月、《勝つと思うな　思えば負けよ　負けてもともと》で始まる美空ひばりの『柔』が大ヒットしているのはなんとも皮肉である。

しかしながら、「国民体育の隆盛によって日本人をオリンピックという世界舞台に立たせたい」という嘉納治五郎の永年の願いによって実現した東京オリンピック開催であったことを知った時、開催地種目が柔道となった背景が理解された。現在のオリンピックや世界選手権での柔道競技においてポイントでの勝敗や勝てばよいという姿勢に苛立ちを覚えるが、嘉納治五郎の「順道制勝」の意味が分かれば、本来あるべき柔道の目的が理解できるのではないかと思う。国際オリンピック委員長のクーベルタン男爵の求めに応じてオリンピック委員に就任した嘉納治五郎からすれば、「自他共栄」の精神がオリンピックであり、「自己修養」が本来の柔道と力説するのではないだろうか。

靖国神社の「国技」碑から

靖国神社（東京千代田区九段下）を訪れたのは桜の季節だったが、この時の目的は桜見物と境内の相撲場にあるという「国技」碑を探すことだった。その「国技」碑の文字は玄洋社の頭山満が書いたものというが、石柱とばかり思い込んで相撲場近くをうろうろと探し回った。「あれやないと」（博多弁で「あれじゃないの」の意）と家人が指さす先には大相撲靖国場所が開催される際、テレビ画面に必ず登場する力士像があり、その台座に「国技」と書かれたプレートが嵌っていた。右翼の巨頭頭山満、靖国神社ということで心無い人々によって「国技」碑は粗末な扱いを受けているのではと思ったが、現存していたことに小さな驚きがあった。日本の敗戦後、占領軍であるGHQの指令によって玄洋社は解散させられたが、その理由は侵略戦争を煽った超国家主義団体だからという。極東国際軍事裁判（東京裁判）でA級戦争犯罪人として被告人となり、絞首刑、もしくは収監中に落命した方方をも合祀したとして靖国神社は国内外から批判の的になったが、玄洋社も同じ道を辿った。合祀問題は日本人の死生観と諸外国との思想の違い、非合法の戦時裁判の犠牲者であるとして判断した結果だが、この感情的な圧力は谷中霊園の来島恒喜墓所にある「暗夜の灯」の石柱文字を削るように命じた官憲の圧力にも似た印象を受ける。肝心の「国技」碑だが、単なる相撲場のモニュメント程度にしか見られていないのか、超国家主義団体のレッテルを貼られた玄洋社の看板頭山満の書と知られていないのか、なにごともなく「国技」碑がそこにあった。

相撲場の入り口には桜の季節に合わせて華やかな着物に身を包んだ女性たちが仮設天幕の中に三十人ほど鎮座されている。「国技」碑にレンズを集中させる様をモノ好きな大相撲ファンという風に視線を浴びるが、靖国神社には日本庭園とともにお茶席もあり、この女性たちはお茶会の参加者だった。靖国神社には軍人、軍属だけが祀られていると一般に思われているが、戦禍に巻き込まれた一般女性も祀られていることをこの方方は御存知なのだろうか。そんな事を思いながら、そもそも、なぜ、靖国神社に「国技」碑があるのだろうか、頭山満が言うところの「国技」の意味とは何なのだろうか、と考えた。

日本の「国技」相撲の起源は当麻蹶速《たいまのけはや》と野見宿禰《のみのすくね》の力比べが始まりという。垂仁天皇の命で暴れ

靖国神社「国技」碑　相撲場の入口にあり、大相撲靖国場所ではテレビ画像によく登場している

靖国神社「国技」碑　頭山満の書だが、今では誰なのか気にもとめられない

ん坊の当麻蹶速を野見宿禰が退治したのだが、この野見宿禰の末裔が「学問の神様」と称される菅原道真公である。野見宿禰は仁愛の人であり、天皇薨去の際の殉死を禁じ、代わりに「埴輪」を埋めることを提案した人と伝わっている。「学問の神様」と称される道真公の霊廟がある太宰府天満宮には「東京大相撲協会」が明治三十五年（一九〇二）に奉納した燈籠があり、なぜ、太宰府天満宮に「大相撲」の燈籠があるのかが分からなかった。相撲の神様である野見宿禰の関係からと分かったが、「国技」を揮毫した頭山満は菅原道真公を尊崇し、自身の「満」と

いう名前は天満宮の「満」から付けたと言われる。相撲と天満宮の関係を頭山が知っていたからなのだろうが、相撲は農耕民族の祭礼における娯楽だけではなく、四股を踏むことで土中の虫を鎮めるという地鎮の意味がある。それでも、頭山満と靖国神社の「国技」が結びつかず、消化不良だった。

ある時、両国国技館（東京墨田区横網）で大相撲の千秋楽を観戦する機会があった。初日からの十五日間、全ての取り組みが終了したものの、観客席には観衆が残ったままだった。テレビ中継も終了しているにも関わらず、観客は何かを待っている。すると、場内アナウンスが「神送り」の神事を執り行うと告げた。土俵の上に白木の台が据えられ、神棚でよく見かける白い徳利がおかれ、一人の行司さんが中心にいる。相撲界に身を投じた新人力士たちが次々に土俵に上がるが、この初々しい身体つきの力士たちは入門して初めて勝ち越した出世力士と説明アナウンスがある。横綱、大関といえども一度は通過した儀礼だが、出世力士は行司さんから祝いの盃を貫い、それが済むと観客席も一緒になって出世祝いの三本締め（三三七拍子）が国技館内に響く。それが終わると突如、出世力士たちは行司さんを軽々と宙に放り投げ胴上げを始めた。これが、「神送り」という一連の神事だが、「土俵開き」によって土俵に降りてきてもらった神様にお帰りいただく行事という。神官の祝詞があがる神事ではないが、この一連の様子を見ていて、かつての日本企業における人事制度の縮図をみているようだった。出世力士という次代を創る新入社員を社会（観客）が三本締めで祝い、行司さんを出世力士が胴上げする様は定年退職の方を送別会で胴上げして慰労する光景に似ている。

頭山満の「満」は天満宮の「満」から付けたこと、天満宮の道真公の先祖が相撲の野見宿禰ということもわかるが、さらに踏み込んで頭山が「国技」を書いたことまでには理解が及ばない。しかしながら、道真公は「学問の神様」と称されると同時に長年続いていた「遣唐使」を廃止したことで「和魂漢才」の人とも言われている。大国の唐の国にへつらうことなく、日本独自の文化を築いた人というが、現代風にいえば「和魂洋才」である。昨今、「成果主義」だの「自己責任」だのと欧米型の企業統治が日本企業に求められたが、その結果はリストラとなって社会全体の活力を失い、人的疲弊、人材不足から国際競争力さえ失ってしまった。国際協調は必要だが、日本には日本独自の良い伝統文化があり、それを生かした相互扶助社会があっても良いのではと「神送り」の儀式を見ていて感じた。廻りくどい言い回しかもしれないが、日本古来の「相撲」という力比べによって国際競争力を涵養し、「和魂洋才」によって国際協調を維持すべき、そんな願いが「国技」碑にあるのではと思い至った。

戦前、頭山満は日本の豪傑ナンバーワンにも挙げられる程著名だったが、その知名度の高さから「国技」碑に書を求められたのは確かだろう。「革命の父」とも「国父」とも称される孫文は尊敬する日本人として頭山満と犬塚信太郎（満鉄理事）の名前を挙げたが、欧米の覇権主義に対して孫文と同じ王道主義を主張する頭山であった。靖国神社の「国技」碑には頭山の「和魂洋才」の願いが込められているのではないかと思ったが、孫文が求めた王道主義の願いも含まれているのではないだろうか。

A級戦争犯罪人として処刑された玄洋社員の広田弘毅（首相、外相）も靖国神社に合祀されているが、近年、「革命の父」の国から合祀問題で批判を受けている様に頭山も孫文も困惑しているのではないだろうか。

正岡子規と野球

四国猿を自称する俳人の正岡子規だが、その子規は東京ドームに併設されている「野球体育博物館」の野球殿堂入りをしている。俳人と野球という意外な取り合わせを確認したいと思い東京ドームを訪ねたことがあるが、訪れた日、男性タレントのコンサートでも開かれるのか、球場周辺は原色の女の子たちで埋め尽くされていた。子規が存命であるならば、この様子をいかにして十七文字に収めるのだろうかと思いながら、縦横無尽の原色の波をかき分けかき分け、博物館へと辿りついた。館内に足を踏み入れると、一瞬にして猿山の騒ぎからプラネタリウムのドームに入ったような静けさに包まれる。野球殿堂は日本の野球発展や隆盛に貢献した人々を表彰し、その功績を永遠に称えるために昭和三十四年（一九五九）に作られた制度である。平成二十三年（二〇一一）、中日ドラゴンズの監督である落合博満氏と通算二二一勝を挙げた皆川睦雄（故人）が殿堂入りしているが、今までに一七三人がその殿堂入りを果たしている。この野球殿堂でおもしろいのは、正岡子規に代表されるように、プロ、アマを問わず、選手以外でも野球の発展に寄与した人を顕彰することにある。その野球殿堂入りを果たした正岡子規だが、「野球を愛した明治の俳人・歌人」という理由からである。そのベースボールに関しての俳句、短歌も展示物に混じって紹介してある。

《春風やまりを投げたき草の原》

《久方のアメリカ人のはじめにしベースボールは見れど飽かぬかも》
《若人のすなる遊びはさわにあれどベースボールに如《し》く者はあらじ》
《うちあぐるボールは高く雲に入りて又落ち来る人の手の中に》

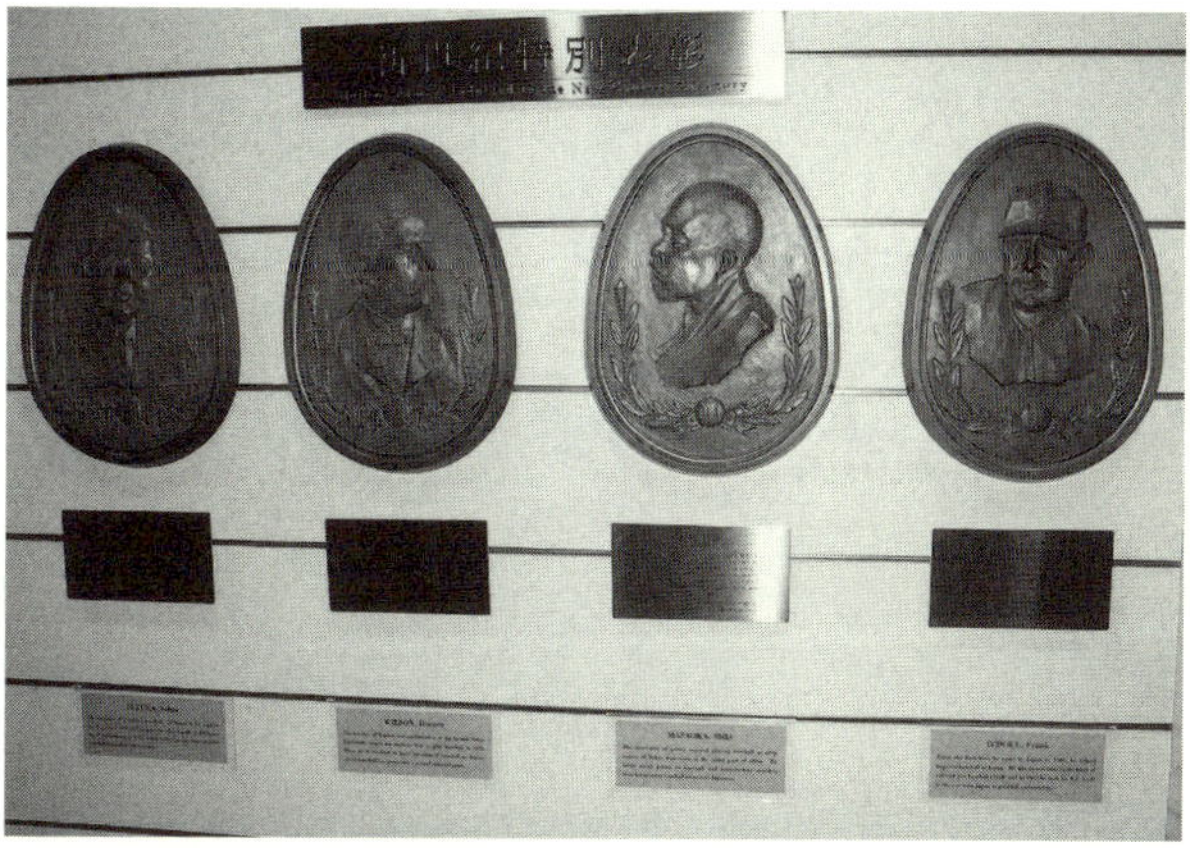
東京ドーム　野球体育博物館の野球殿堂のレリーフ
右から二人目が正岡子規

《正月や橙投げる屋敷町》、この句は野球というゲームが普及する以前から、正月飾りの橙をキャッチボールのように投げ合って遊んだという思い出を詠んだ子規の一句だが、野球好きの素質は幼い頃から養われていたということになる。その子規が本格的なベースボールを知ったのは上京後の明治十八年（一八八五）頃からといわれ、周囲の誰もが認めるベースボール（野球）狂だった。日本のスポーツ界に定着している「野球」という言葉は子規の第一高等学校の三年先輩である中馬庚《ちゅうまんかのう》の翻訳であり、明治二十八年（一八九五）二月二十二日に刊行された第一高等学校交友会雑誌『野球部史附規則』に記されている。この中馬も「ベースボールを野球と訳す」として野球殿堂入りしているが、子規は自分の本名である升（のぼる）にかけてベースボールを「野暮球《のぼる》」「野球《のぼうる》」「能球《のぼうる》」「弄球」と翻訳し、ペン

「日本野球発祥の地」碑　学士会館の建物を背景にして（神保町）

ネームにも使用するほどだった。なかでも「弄球」を最も多く使用しているが、この「弄」の「もてあそぶ」は"play with"であるところから"play with ball"「弄球」と翻訳したのだろう。その他にも、子規は現在でも使われている野球用語を翻訳している。

・batter　バッター　打者
・runner　ランナー　走者
・four ball　フォアボール　四球
・dead ball　デッドボール　死球
・fly ball　フライ　飛球
・direct ball　ダイレクトボール　直球
・home base　ホームベース　本塁
・full base　フルベース　満塁

代表的な野球用語が明治時代から何の違和感も無く生き続けているところに子規の言語能力の優秀さを実感する。

　また、ベースボールを「能球《のぼうる》」という単語に置き換えているが、これは子規の叔父である藤野漸《すすむ》が能楽の下掛宝生流《しもがかりほうしょうりゅう》家元に入門して免許皆伝であったことと関係があるのではないだろうか。この藤野のもとには謡曲趣味を持つ平岡熙《ひらおかひろし》が訪ねて来ていたが、子規はこの平岡から本場アメリカ仕込みのベースボールの指導を受けている。平岡は鉄道省の役人としてアメリカに留学し、その帰国の際にベースボールのルールブックとバットを持ち帰ってきている。明治十一年（一八七八）に日本初の本格的な野球チームである「新橋アスレチック倶楽部」が結成されたが、その主要メンバーは平岡が勤める新橋鉄道局の職員だった。子規と平岡の関係は能楽が取り持つ縁ということでベースボールを「能球」と翻訳したのではないだろうか。福岡藩士の末裔である夢野久作は幼い頃、祖父杉山三郎平に連れられ梅津只圓の下で能楽の稽古をさせられたが、「能楽は平時の武士道の精華である」ということからだった。伊予松山藩士の末裔である子規も能楽に親しんでいるが、能楽が平時の武士道の精華であるのと同じように、ベースボールも平時の武士道の鍛錬と想定していたのかもしれない。填字で"Base ball bat"を「米洲棒類抜刀」と子規は翻訳しているが、バットを刀に見立てて両軍で戦う野球はまさに平時の武士道の精華といえなくもない。学生野球の精華ともいうべき全日本大学野球選手権を観戦していても、試合終了後、敗者は勝者の勝利を祝し、勝者は敗者の健闘を称えて両校応援団長のエール交換が行われる。誰の指示があるわけでもないが、駆けつけた応援団は全員が起立して静かにその儀式を見守っている。これは、子規たちが盛んに行なった学生野球の武士道的伝統が今に息づいている証なのではと思って見つめていた。そう考えれば、ワールドベースボールクラシック（ＷＢＣ）で原辰徳監督が選手を「サムライ」と呼んだのも、まんざら、意味のないことではない。

明治時代、第一高等学校の生徒たちによって盛んに行なわれ、現代にまで受け継がれてきた野球だが、本格的なベースボールをアメリカから持ちかえり、子規に野球を指導した平岡も「我国初の野球チームを結成」した人として野球殿堂入りをしている。

夏目漱石とボディビル

「ところで、あなたは夏目漱石が日本で初めてボディビルをやった人ということをご存じですか」と言いながら、玉利齊氏はA4サイズの資料をテーブルに示された。氏を初めて訪ねた時、鹿児島出身の祖父（喜造、農学博士）、祖父の兄（親賢、海軍中将）、父親（三之助、剣道範士）の来歴を語られた時には日本の近代史そのままであることに随分と驚いたものだったが、氏自身があの三島由紀夫にボディビルを指導した方と知った時、驚きは頂点に達し、そこに夏目漱石が日本で初めてボディビルを始めたという資料を見せられた時には、言葉を失ってしまった。

漱石はロンドン留学時の神経症に加えて胃腸病に随分と悩まされ続けた人だった。胃腸の薬を常用するのは当然としても、胃のむかつきを感じるとゼムという仁丹のようなものを口に放り込むという日々だった。その漱石の日記には明治四十二年（一九〇九）六月二十七日（日）、二十八日（月）に『「エキセルサイザー」をやる』とある。

＊（岩波文庫『漱石日記』では、エキザーサイサーと表記）

現代でも機器を用いる運動をも含めてエクササイズと称しているが、玉利氏が言われるにはボディビルはドイツのユーゼン・サンドーが体系化して実践し、ドイツ発祥の機器を漱石は使用したのではとのことだった。実際にドイツ語の辞書を引いてみると、Exerzieren（訓練する）という単語があり、Expander（エキスパンダー）というお馴染みの運動器具の名前もある。英語においても、Exerciser（運動器具）とあり、これらの単語から推察しても漱石の日記にある「エキセルサイザー」は身体を鍛える器具、ボディビルを意味することになる。漱石は明治四十二年（一九〇九）九月から約一カ月余の間、親友の中村是公（満鉄総裁）の誘いで満洲、朝鮮の旅に出ている。かつて、ロンドン留学ではおよそ一ヶ月余、船と鉄道の旅を体験しているだけに、今回も船や大陸の汽車での旅に備えて少しでも体力を養っておかなければならないと思ったのかもしれない。

漱石は明治三十三年（一九〇〇）十月二十八日から、ロンドンでの留学生活を送っているが、このときの体験や見聞から「矮小なる日本人」というコンプレックスを自身に意識していたのかもしれない。ロンドン到着後の翌年二月二十四日（日）の日記には「夜、ブレットと話をしたら、日本の人間を改良しなければなるまい、それには外国人と結婚を奨励するがよかろうといった。」と記されている。日露戦争に勝利したことで大陸の大連、旅順は日本の管理下におかれていたが、欧米列強の圧力で各国の商船、軍艦も寄港する港町だった。満洲の地で、多くの白人種に囲まれてもひけをとらない肉体に少しでも近づけておきたいと漱石は考えたのかもしれない。

もともと「エキセルサイザー」を開発したドイツのユーゼン・サンドーだが、子供の頃、肉体的に貧弱であったという。しかしながら、父に連れられてギリシャ・ローマを訪ね、彫刻美として残された肉体を目にしてからは古代から肉体を鍛える方法があったのではないかと考え、解剖学を勉強し、筋肉のトレーニングシステムを開発していった。このユーゼン・サンドーは近代ボディビルの創始者として重量挙げ、ウェイト・トレーニングシステムの普及にも成功し、ヨーロッパの王族たちは盛んにユーゼン・サンドーのフォームを真似するようになっていった。おりしも、世界の中心としてヨーロッパの思想界を席巻していたのはダーウィンの「種の起源（進化論）」であったが、これは「適者生存」、弱肉強食を正当化する理論であり、強者のヨーロッパが弱者のアジア・アフリカを植民地化する帝国主義を生みだすもととなった。

＊（「種の起源」はアルフレッド・ラッセル・ウォーレスが「サラワク法則」「テルナテ論文」をダーウィンに送ったことが基礎となっている）

翻って、日本においては当麻蹶速《たいまのけはや》と野見宿禰《のみのすくね》の戦いに象徴されるように、強者といえども仁愛という精神性を求める伝統があった。現代でも野見宿禰の末裔である菅原道真公を祀る天満宮境内には「力石」という石が奉納されている。これは「力」を誇りながらも「学問の神様」菅原道真公のように「文」と「武」の両方が実践できなければ仁愛の人として尊敬を受けられないと日本人が理解していた証拠になる。力には精神を伴わなければならないという伝統文化に育った漱石が、「強いことは善」「勝者は敗者を駆逐する」としたヨーロッパ思想界の陰で弱者が貧困に苦しみ、煤煙公害に民衆が困惑している姿にヨーロッパ文明の矛盾を感じ、精神を病んだのも致し方の無いことだった。

「三島さん」と親愛を込めた口調で玉利氏は続けて三島由紀夫との思い出を語られるが、その三島も戦後、広く海外を見聞したことから文学に対する意識が変化したという。幼い頃から動くだけの体力がなく、学校でも体育の時間は見学、朝礼では貧血で倒れて保健室に担ぎ込まれる三島であり、唯一、読書が無上の楽しみだったという。それでも、ヘミングウェイ、アンドレ・マルローに代表されるように海外の作家は行動的であり、身体頑強、まさに行動の文学の実践者を目にして三島の意識は大きく変化したという。

昭和二十九年（一九五四）頃、日本の先駆的ボディビルダーとしてマスコミの注目を浴びていた玉利氏のところに「ボディビルを始めたい」と三島が直接に電話をかけてきたのが肉体改造の始まりだそうである。以後、週に二回、半年間の基礎トレーニングを玉利氏は三島に行なったというが、三島がボディビルを始める前の上半身裸の写真、三島の父親が出入りの大工さんに特注で作らせたというベンチで腹筋をする三島の写真を見せてもらったが、肺病患者のように貧弱な肉体だった。一般に公開されている筋肉隆々の三島の写真から肉体的に大柄の人という印象を抱いていたが、ボディビルを始める前は身長一六五センチ、体重は四十キロあるかないかだったという。七・五キロのバーに片側二・五キロずつ、合計十二・五キロのバーベルから始めたというが、最後は百キロのバーベルを挙げるまでに三島は頑強になったという。「肉体的には最低の資質、しかし、劣等感をバネにする素晴らしい人」と玉利氏は三島を評する。

肉体に自信をつけた三島は動くスポーツがしたいとのことでボクシングを始めたが、ヘッドギアを付けたスパーリングにまでいったものの、玉利氏が推奨する剣道へと移っていった。この剣道においては範士でもあった玉利氏の父三之助翁が直接稽古をつけることもあったというが、親子二代に渡って三島に関わるというのも珍しい。ちなみに、氏の祖父である玉利喜造翁は日本の農学博士第一号であり、あの宮沢賢治が学んだ盛岡高等農林学校の初代校長である。

ダーウィンの「種の起源（進化論）」から「適者生存」という帝国主義でアジアに押し寄せた欧米列強の荒波の中、「和魂洋才」に目覚めた漱石がボディビルに励んでいたことは早くに世を去った子規の分も生きて「日本の文学を改革する」という目的もあったのだろう。それだけではなく、文学によって日本古来の「文武両道」の思想を広める肉体と精神を漱石が欲したからではないだろうか。

あとがき

何なのだろうか、この「ウスケ」とは。ウスケ、ウスケ、ウスケと頭の中で反芻してみる。わずかばかりの間をおいて、「ああ、ウィスキーのことか」と分かる。新橋駅（停車場）跡地にある「鉄道歴史展示室」に展示してあった山陽鉄道（現在のJR山陽本線）食堂車のメニューを読んでいる時のことだった。「ウスケ　一壜　一円五十銭」と表示されており、飲み物とは理解できるものの、果たしてウスケとは何ぞやだった。まだ、ウィスキーじたいが日本の庶民に一般的ではない時代、外国人の発音をそのままカタカナ表記していることに小さな驚きとおもしろさを感じたのだった。

コーヒーやビール、ワインなどは長崎出島のオランダ商館に出入りする日本人も嗜んだのだろうが、青森県弘前市を訪ねた時、北方防備の津軽藩士たちが寒さ対策の薬としてコーヒーを飲んでいた。漢方薬のように土瓶で煎じて飲んでおり、初めて口にするコーヒーを「良薬は口に苦し」などと言いあう津軽藩士たちの姿を想像して微笑んでしまった。

日本の近代化、その目標到達点は欧米諸国に追い付き追い越せで来たのだろうが、その導入部においてはとんでもない誤解や勘違いが多々あった。ウスケやコーヒーなどは笑って済ませられるが、今であれば妥協点が見いだせたのではと思えるは事ごとは多い。その時代を生きた人々にとっては真剣に悩まなければならなかった事件は悲惨だが、思想の対立から一族郎党を巻き込んで争った水戸天狗党の騒乱、政治的対立からかつての親友が敵と味方に分かれて戦った西南戦争、世界秩序の認識の相違から生じた隣国清国（中国）との日清戦争しかりである。

日本にとっての近代化とは何だったのか。なかなかうまく答えは出てこない。どころか、平成二十三年三月十一日の東日本大震災では地震予知は機能せず、いとも簡単に無辜の民が津波に飲み込まれて命を落とす様をテレビで目にすることになった。人類の科学の粋を集めて建設された原子力発電所が崩壊し、いまだ放射能の危険と隣り合わせの中にいる。人間は現生に生を受けたならば必ず死を迎える。人は自然環境と調和しなければならない。それは分かっていても、人は常に何か新しいものにチャレンジしている。近代化とは人間の好奇心の実現なのだろうかと考える。

突然の病魔によってわずか四十二年の生涯を閉じた母親の法要の席で「人言うは水に流し、人聞くは石に刻む」と親鸞聖人の言葉をひも解いてくれた住職の言葉は石に刻まれた言葉としていまだ記憶にある。歴史書から抹殺されているために神社仏閣、墓、石碑、記念館など、玄洋社に関わる史実を訪ねるが、若き日、耳にした住職の言葉に励まされて歩くことになった。これからも、ふと目にした石碑の一文に動かされて玄洋社が辿った道を歩き回ることになると思うが、その事績は遠く海外にまで及んでいることに玄洋社の底知れぬエネルギーを感じる。

今回、玄洋社を調べる途上で日本の近代化に興味が及んだが、時系列に書き連ねた内容を事象別に再構成するアドバイスを小野編集長からいただいた。書き手は文章に対して自己満足の境地にあるが、最初の読み手である編集者としては苦痛の何ものでもなく、さらに再構成を求める気分は重かったことと想像する。それでありながら、思いもかけない資料を提示して指導してくださった小野編集長に深く感謝の意を表したい。

浦辺　登

〈参考文献〉

『日本史年表・地図』（吉川弘文館、二〇〇七年）
『日本の鉄道』博学こだわり倶楽部編（河出書房新書、二〇一〇年）
『明治大正見聞史』生方敏郎（中公文庫、昭和五十三年）
『歌でつづる鉄道百年』高取武（鉄道図書刊行会、昭和五十六年）
『廃墟となった戦国名城』澤宮優（河出書房新社、二〇一〇年）
『忠臣蔵』河竹登志夫、林嘉吉（講談社原色写真文庫、昭和四十二年）
『氷川清話』勝海舟著、江藤淳・松浦玲編（講談社学術文庫、二〇〇七年）
『太宰府天満宮の定遠館』浦辺登（弦書房、二〇〇九年）
『阿片王』佐野眞一（新潮文庫、平成二十年）
『オールド上海阿片事情』山田豪一（亜紀書房、一九九五年）
『新華字典』商務印刷館・北京（一九八六年）
『子どものための美術教育』向野康江（弦書房、二〇一〇年）
『筑前玄洋社』頭山統一（葦書房、一九八八年）
『「超能力」と「気」の謎に挑む』天外伺朗（講談社、一九九五年）
『横浜をつくった男』高木彬光（光文社文庫、二〇〇九年）
『小栗上野介』村上泰賢（平凡社新書、二〇一〇年）
『貨幣の日本史』東野治之（朝日新聞社、二〇〇四年）
『明治大正の民衆娯楽』倉田喜楽（岩波新書、一九八〇年）
『ラーメンひと図鑑』原達郎（弦書房、二〇〇七年）
『一握の砂・悲しき玩具』石川啄木（新潮文庫、平成二十年）
『宮沢賢治選抄』宮沢賢治（花巻市文化団体協議会、平成十九年）
『日露戦争時代のある医学徒の日記』小野寺龍太（弦書房、二〇一〇年）
『三十三年の夢』宮崎滔天（岩波書店、一九九三年）
『正岡子規』井出逸郎（潮文閣、昭和十八年）
『大久保利通』毛利敏彦（中公新書、昭和四十四年）
『杉山茂丸伝』堀雅昭（弦書房、二〇〇六年）
『軍神』山室建徳（中公新書、二〇〇七年）
『評伝宮崎滔天』渡辺京二（書肆心水、二〇〇六年）
『小泉三申』小島直記（中公新書、昭和五十一年）
『オノ・ヨーコの華麗な一族』原達郎（柳川ふるさと塾、二〇一〇年）
『芙蓉の人』新田次郎（文春文庫、二〇〇九年）
『幕末明治傑物伝』紀田順一郎（平凡社、二〇一〇年）
『真木保臣』山口宗之（西日本新聞社、平成七年）
『柳川ふるさと塾1.』原達郎（柳川ふるさと塾、二〇〇八年）

『国師杉浦重剛先生』藤本尚則（敬愛会、昭和二十九年）
『玄洋社・封印された実像』石瀧豊美（海鳥社、二〇一〇年）
『太宰府市史　通史編2』太宰府市史編集委員会編（太宰府市、平成十六年）
『さいふまいり』筑紫豊（西日本新聞社、昭和五十一年）
『伊藤博文』瀧井一博（中公新書、二〇一〇年）
『山県有朋』伊藤之雄（文春文庫、二〇〇九年）
『俗戦国策』杉山茂丸（書肆心水、二〇〇六年）
『閔妃暗殺』角田房子（新潮社、一九八九年）
『芙蓉の人』新田次郎（文春文庫、二〇〇九年）
『風の名前』高橋順子、佐藤秀明（小学館、二〇〇五年）
『農民芸術概論綱要』宮沢賢治（花巻市教育委員会、平成二十一年）
『兄のトランク』宮沢清六（ちくま文庫、一九九一年）
『宮沢賢治』（宮沢賢治記念会、一九九四年）
『日本「霊能者」列伝』別冊宝島編集部編（宝島社、二〇〇八年）
『出世を急がぬ男たち』小島直記（新潮文庫、昭和五十九年）
『横浜富貴楼お倉』鳥居民（草思社、一九九七年）
『西南の役と暗号』長田順行（朝日文庫、一九八九年）
『日本人とてれふぉん』通信総合博物館編（NTT出版、一九九〇年）
『それでも江戸は鎖国だったのか』片桐一男（吉川弘文館、二〇〇八年）
『靖国の源流』青山幹生、青山隆生、堀雅昭（弦書房、二〇一〇年）
『中原中也と維新の影』堀雅昭（弦書房、二〇〇九年）
『大村益次郎』絲屋寿雄（中公新書、昭和四十六年）
『秘録東京裁判』清瀬一郎（中公文庫、一九八六年）
『出口王仁三郎』松本健一（リブロポート、一九八六年）
『大本襲撃』早瀬圭一（毎日新聞社、二〇〇七年）
『頭山満言志録』頭山満（書肆心水、二〇〇六年）
『醇なる日本人』結束博治（プレジデント社、一九九二年）
『岩崎弥太郎と三菱四代』河合敦（幻冬舎新書、二〇一〇年）
『東海道線誕生』中村建治（イカロス出版、二〇〇九年）
『日本の鉄道をつくった人たち』小池滋、青木栄一、和久田康雄（悠書館、二〇一〇年）
『時代の先覚者後藤新平』御厨貴（藤原書店、二〇〇四年）
『梅津只圓翁伝』夢野久作（ちくま文庫、一九九二年）
『霊園から見た近代日本』浦辺登（弦書房、二〇一一年）
『漱石日記』夏目漱石著、平岡敏夫編（岩波書店、一九九〇年）
『子規の素顔』和田茂樹（愛媛県文化振興財団、一九九八年）
『文豪・夏目漱石』江戸東京博物館・東北大学編（朝日新聞社、二〇〇七年）
『伊藤博文暗殺事件』大野芳（新潮社、二〇〇三年）

『斜陽に立つ』古川薫（文芸春秋、二〇一一年）
『山座円次郎伝』一又正雄（原書房、一九七四年）
『陸羯南』有山輝雄（吉川弘文館、二〇〇七年）
『南へとあくがれる』乳井昌史（弦書房、二〇一〇年）
『幕末のロビンソン』岩尾龍太郎（弦書房、二〇一〇年）
『火はわが胸中にあり』沢地久枝（文芸春秋、一九八七年）
『イーハトーブと満洲国』宮下隆二（ＰＨＰ研究所、二〇〇七年）
『秘録・石原莞爾』横山臣平（芙蓉書房、一九七一年）
『円を創った男』渡辺房男（文芸春秋、二〇〇九年）
『石原莞爾』別冊宝島編集部編（二〇〇八年）
『山と水の画家吉田博』安永幸一（弦書房、二〇〇九年）
『緒方竹虎』渡邊行男（弦書房、二〇〇六年）
『夢野久作読本』多田茂治（弦書房、二〇〇三年）
『雷鳴福岡藩』栗田藤平（弦書房、二〇〇四年）
『飴と飴売りの文化史』牛嶋英俊（弦書房、二〇〇九年）
『偏狂者の系譜』松本清張（角川書店、二〇〇七年）
『神々の乱心（上・下）』松本清張（文芸春秋、二〇〇〇年）
『日本ボディビル連盟50年の歩み』（社団法人日本ボディビル連盟編、平成十七年）
『天狗争乱』吉村昭（新潮社、平成二十三年）
『魔群の通過――天狗党叙事詩』山田風太郎（筑摩書房、二〇一一年）

〈参考資料〉

「鉄道歴史展示室」
「向野堅一顕彰会」
「東亜同文書院大学記念センター収蔵資料図録」愛知大学
「柔道資料館」講道館
「木母寺略誌」木母寺
「東京と福岡」東京福岡県人会
「靖国神社」
「中央公論　Adagio」
「築地本願寺」
「オープン・リサーチ・センター年報」愛知大学
「シーボルトと日本」日本・オランダ修好３８０年記念
「夏目漱石とボディビル」玉利齊　氏
「川上音二郎・貞奴展」財団法人茅ヶ崎市文化振興財団
「同文書院記念報」ＶＯＬ，14　愛知大学東亜同文書院記念センター

主要人名索引

〈著者略歴〉

浦辺登（うらべ・のぼる）

昭和三十一年（一九五六）、福岡県筑紫野市生まれ。福岡大学ドイツ語学科在学中から雑誌への投稿を行うが、卒業後もサラリーマン生活の傍ら投稿を続ける。近年はインターネットサイトの書評投稿に注力しているが、オンライン書店ｂｋ１では「書評の鉄人」の称号を得る。「九州ラーメン研究会」のメンバーとして首都圏のラーメン文化を研究中。

著書に『太宰府天満宮の定遠館―遠の朝廷から日清戦争まで』『霊園から見た近代日本』（以上、弦書房）がある。

神奈川県川崎市宮前区在住。

東京《とうきょう》の片隅《かたすみ》からみた近代日本《きんだいにっぽん》

二〇一二年三月三〇日発行

著　者　浦辺《うらべ》　登《のぼる》

発行者　小野静男

発行所　株式会社　弦書房

（〒810・0041）

福岡市中央区大名二―二―四三

ELK大名ビル三〇一

電　話　〇九二・七二六・九八八五

FAX　〇九二・七二六・九八八六

印刷　製本　大村印刷株式会社

ISBN978-4-86329-072-3　C0021

JASRAC 出1201944-201

◆弦書房の本

霊園から見た近代日本

浦辺登　谷中霊園、泉岳寺、木母寺……墓地を散策し思索する。墓碑銘から浮かびあがる人脈と近代史の裏面を《玄洋社》をキーワードに読み解く。「青山霊園を巡っただけで、明治アジア外交史が浮かび上がる」おもしろさ。（荒俣宏評）〈四六判・240頁〉**1995円**

太宰府天満宮の定遠館

遠《とお》の朝廷《みかど》から日清戦争まで

浦辺登　古代の防人、中世の元寇と神風伝説、近世から幕末維新、近代までの太宰府の通史を描き、日清戦争時の清国北洋艦隊の戦艦《定遠》の部材を使って天満宮に建てられた知られざる戦争遺産・定遠館の由来を探る。〈四六判・176頁〉**1890円**

幕末の外交官　森山栄之助

江越弘人　ペリー・ハリス来航以来、日米和親条約、日米修好通商条約など、日本開国への外交交渉の実務を全て取り仕切った天才通訳官の生涯。諸外国での知名度に比して日本では忘れられてきた森山の功績を再評価する。〈四六判・190頁〉**【3刷】1890円**

長崎蘭学の巨人

志筑忠雄とその時代

松尾龍之介　ケンペルの『鎖国論』を翻訳し〈鎖国〉という語を作った蘭学者・志筑忠雄（1760〜1806）。長崎出島の洋書群の翻訳から宇宙を構想し、〈真空〉〈重力〉〈求心力〉等の訳語を創出、独学で世界を読み解いた鬼才の生涯を描く。〈四六判・260頁〉**1995円**

幕末のロビンソン

開国前後の太平洋漂流《ロビンソン・クルーソー・ゲーム》

岩尾龍太郎　寿三郎、太吉、マクドナルド、万次郎、仙太郎、吉田松蔭、新島襄、小谷部全一郎。激動の時代、歴史に振り回されながら、異国で必死に運命を切り開き、生き抜いた、幕末の漂流者たちの哀しく雄々しい壮絶なドラマ。〈四六判・336頁〉**2310円**

江戸という幻景

渡辺京二　人びとが残した記録・日記・紀行文の精査から浮かび上がるのびやかな江戸人の心性。近代への内省を促す幻景がここにある。西洋人の見聞録を基に江戸の日本を再現した『逝きし世の面影』著者の評論集。
〈四六判・264頁〉**【6刷】**　**2520円**

未踏の野を過ぎて

渡辺京二　現代とはなぜこんなにも棲みにくいのか。近現代がかかえる歪みを鋭く分析、変貌する世相の本質をつかみ生き方の支柱を示す評論集。東日本大震災にふれた「無常こそわが友」「老いとは自分になれることだ」他30編収録。〈四六判・232頁〉**【2刷】2100円**

アーリイモダンの夢

渡辺京二　西洋近代文明とは何であったのか。「世界史は成立するか」「カオスとしての維新」他ハーン論、イリイチ論、石牟礼道子論など30編を収録。前近代の可能性を探り、近代への批判を重ねる評論集。
〈四六判・288頁〉　**2520円**

近代をどう超えるか
渡辺京二対談集

江戸文明からグローバリズムまで、知の最前線の7人と現代が直面する課題を徹底討論。近代を超える様々な可能性を模索する。**【対談者】**榊原英資、中野三敏、大嶋仁、有馬学、岩岡中正、武田修志、森崎茂
〈四六判・208頁〉**【2刷】**　**1890円**

花いちもんめ

石牟礼道子　ふるさとをもとめて花いちもんめ　箪笥長持　あの子がほしい　この子がほしい――幼年期、少女期の回想から鮮やかに蘇る昭和の風景と人々。独特の世界を紡ぎ続ける著者久々のエッセイ集。
〈四六判・216頁〉　**1890円**

＊表示価格は税込